Rezepte mit wilden Pflanzen

Blüten im Porträt

Inhalt

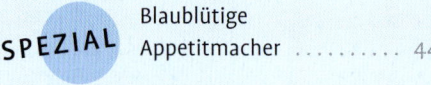

SPEZIAL Blaublütige
Appetitmacher 44

Machen Sie mal blau: Rosmarin, Salbei
und Wegwarte bringen mit blauen Blüten
Farbe und Genuss auf den Tisch.

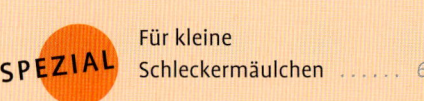

SPEZIAL Für kleine
Schleckermäulchen 64

Ein paar besondere Ideen für Ihre
nächste Party – schnell und leicht, aber
mit großer Wirkung.

So fängt es an:
Es blüht so bunt...

Nehmen Sie Platz im Liegestuhl und betrachten Sie mit Muße die üppige Blütenfülle Ihres Gartens – als wenn ein Künstler seine Pinsel in den Farbkasten getunkt und Ihnen eine Natur-Vernissage hinterlassen hat! Diese ist zugleich ein Schatz an Wohlge-schmack und Gesundheit.

Duftende Würzkräuter und reicher Blütenflor – die lebensspendende Sonne zaubert leuchtende Farben in die Landschaft und lässt in Pflanzen heilende Kräfte entstehen. Schon lange ist es kein Geheimnis mehr, dass viele Blüten essbar sind, aromareich und mit ihrem Farbenreichtum überaus gesund!

Manchmal kostet es Überwindung, sich solch zauberhafte Geschöpfe in den Mund zu stecken. Aber als Blütenfan wis-sen Sie: Je häufiger man Blüten sammelt, desto mehr Blüten entwickelt die Pflanze.

Wenn Sie beginnen mit Blüten zu zaubern, tauchen Sie ein in eine Jahrtausende alte Tra-dition, denn Blüten aßen schon die alten Chinesen, die Japaner, die Römer oder die Griechen, im Orient oder in Mexiko. Floras Geschichte ist vol-ler Vielfalt, und Sie dür-fen daran teilhaben mit kulinarischen Streif-zügen durch die essbare Blütenwelt.

Sammeln & zubereiten

SPEZIAL

Gesund mit Blüten und Blütenfarben

In der Blüte zeigt sich eine Pflanze in ihrer höchsten Vollendung. Mit ihrem wunderbaren Duft, ihrer strahlenden Schönheit in leuchtenden Blütenfarben ist sie eine Freude für Auge und Gaumen, essbar und heilkräftig für Leib und Seele, mit wertvollen Inhaltsstoffen, die in anderen Pflanzenteilen nicht vorkommen. Pflücken Sie sich Ihre Gesundheit einfach selbst und genießen Sie essbare Blüten als Schönheiten zum Vernaschen und kulinarische Krönung. Attraktiver und farbenfroher lassen sich gesunde Speisen kaum dekorieren.

Rund 12 000 verschiedene Pflanzen wachsen auf dem europäischen Kontinent; ungefähr 1500 davon sind als essbar bekannt. Es lohnt sich, sie wieder kennenzulernen – auch aus dem Grund, dass nicht alles, was schön, auch essbar ist. Es gibt durchaus tödlich giftige Exemplare!

Heilkraft pur

Die Götter mögen es gewusst haben: Blüten bieten den Luxus einer unglaublichen Vielfalt und sind mit ihrem Reichtum an Duft und Farbe Heilkraft pur. Kein Wunder nennt man den Nektar, das Innerste einer Blüte, Göttertrank! Und manchmal, wenn man die Nase ins Blüteninnere steckt, wünscht man sich, im nächsten Leben ein Schmetterling zu sein, schwerelos von Blüte zu Blüte zu gaukeln und Nektar trinken zu dürfen ...

Doch auch in diesem Leben kann es paradiesisch zugehen, zum Beispiel dann, wenn Sie sich wieder vertraut machen mit der Welt der essbaren Schätze, mit den Blatt- und Blütenkindern aus Freyas Zaubergarten. Die Pflanzenkinder dieser germanischen Göttin der Liebe und des häuslichen Glücks verfügen über erstaunliche vitamin- und mineralreiche und vor allem farbkräftige, zart-aromatische Blütenkost. Aber wer weiß schon, dass Duft und Farbe auch Heilkraft sind? Schauen wir genauer hin: Blüten enthalten sekundäre Pflanzenstoffe, deren positive Bedeutung für den menschlichen Organismus heutzutage bekannt und

Blütenblätter für gesunde Tees

Acker-Stiefmütterchen, Hecken-Rose, Holunder, Kamille, Königskerze, Linde, Malve, Ringelblume, Rose, Rot-Klee, Taubnessel, Thymian, Schafgarbe, Schlehe (nicht zu viel!), Schlüsselblume, Sonnenblume, Veilchen, Wegwarte, Weißdorn.

Aus diesen Schätzen der Natur werden duftende Blütentees für Wohlbefinden und Gesundheit schnell zubereitet. Man kann sie heiß oder kalt genießen.

Blüten peppen jeden Salat auf, und flugs haben Sie etwas Besonderes gezaubert.

unumstritten ist. Auch wenn sich unaussprechliche Namen wie Anthozyanglykoside, Flavonoide, Betacarotinoide, Senfölglykoside oder ätherische Öle nicht gerade nach Genuss pur anhören – hinter diesen Begriffen verbergen sich Gesundheit, Medizin, Geschmack, Duft und Farbgeber zugleich.

▸ **Blütenfarben** wie Anthozyanglykoside, Flavonoide oder Betacarotinode haben die Aufgabe, die Pflanze vor Umwelteinflüssen, zum Beispiel vor zu viel Kälte oder Sonne, zu schützen. Pflanzenfarben sind eine Art „Son-

SMART

Essbare Blüten

› **Das sind:** Acker-Stiefmütterchen, Bärlauch, Dahlie, Dost, Fenchel, Gänseblümchen, Giersch, Gundermann, Holunder, Huflattich, Klatsch-Mohn, Königskerze, Schnittlauch, Löwenzahn, Majoran, Malve, Melisse, Monarde, Nachtkerze, Pfefferminze, Quendel, Ringelblume, Rose, Rot-Klee, Sauerklee, Schlüsselblume, Sonnenblume, Süßdolde, Taglilie, Thymian, Veilchen, Vogelmiere, Wiesen-Schaumkraut, Zitrusblüten.

nenschutzcreme". Das ist auch der Grund weshalb die Blütenfarben von Pflanzen umso intensiver sind, je näher Sie dem „Himmel" kommen. Das haben Sie bestimmt schon einmal auf Ihrer Alpenwanderung beobachtet. So wie die Pflanzenfarben ihre eigenen Zellen schützen, tun sie das auch für den Menschen: Sie schützen die Zellen und Gefäße des menschlichen Organismus.

▸ **Senfölglykoside,** oder einfacher: Senföle, wirken wie ein pflanzliches Antibiotikum, sie besitzen sehr keimwidrige Eigenschaften, genauso wie die ätherischen Öle. ●

Richtig sammeln, trocknen, aufbewahren

Sammeln

▸ Nur die Blüten sammeln, die Sie 100 %ig kennen (Verwechslungen könnten tödlich enden)!

▸ Nur die Blüten sammeln, die in großer Menge vorkommen, und stets genügend zur Samenbildung übrig lassen.

▸ Die Blüten vor dem Konsum nicht waschen, Sie würden Aroma und Nektar damit ausspülen; dafür aber nach möglichen Kleinsttierchen Ausschau halten.

▸ In einem flachen Korb liegen die Blüten luftig und trocken; nie längere Zeit in einer Plastiktüte transportieren, das fördert die Zersetzung von Eiweiß und den Wirkstoffverlust.

▸ Für Kräuter(blüten), die frisch und saftig bleiben sollen, einen Eimer mit einem befeuchteten Tuch mitnehmen oder die Blüten in ein feuchtes Tuch einschlagen.

SMART

Schönes aus Blüten

❯ **Aus getrockneten Blüten** können Sie Genuss- oder Arzneitees, heilkräftige Tinkturen, Salben und aromareiche Würze zubereiten. Zu Pulver zerrieben nehmen Sie diese mit Honig oder in warmer Milch ein.

❯ **Als schönen Tischschmuck** können Sie getrocknete Blüten auf die Tischdecke streuen.

▸ Im eigenen oder in Nachbars Garten, an unbelasteten Feld-, Wald- und Wiesenrändern, an Hecken, trockenen Hängen, Bachufern oder in Waldlichtungen finden Sie die Blütenkinder.

▸ **Nicht sammeln**, wo mit Pestiziden gearbeitet wird, Flächen intensiv landwirtschaftlich genutzt werden oder viel befahrene Straßen in der Nähe sind – und natürlich nicht in Naturschutzgebieten.

▸ **Sammelzeit:** bei schönem Wetter wenn die Blüten gerade voll erblüht sind.

Lavendel sammeln ist kinderleicht: Sammeln Sie zum richtigen Zeitpunkt, wenn er voll erblüht ist.

Feuchte oder nasse Blüten ausschließlich zum sofortigen Gebrauch verwenden. Pflanzen, die Sie trocknen möchten, bitte erst dann sammeln, wenn der Tau verdunstet ist.

Trocknen

▸ Wenn Sie Blüten trocknen, werden diese konserviert, also haltbar gemacht. Gut aufbewahrt, halten sie dann ein Jahr lang Aroma, Farbe und Heilkraft.

▸ Die Blüten nicht waschen, damit sie beim Trocknen nicht schimmeln oder durch Beschädigung der Zellen wirkstoffärmer werden.

▸ In einem Raum ohne direkte Sonneneinstrahlung auslegen: luftig, trocken, schattig und staubfrei.

▸ Breiten Sie die Blüten in einem flachen Korb auf einem Leinentuch oder Küchenpapier so großzügig aus, dass sie möglichst wenig aufeinander liegen, und platzieren den Korb so, dass die Luft von allen Seiten zirkulieren kann. Für größere Mengen eignet sich ein Holzrahmengestell mit Baumwoll-Gaze oder Leinen bzw. Seide bespannt, ein Wäscheständer, über dem ein Leinentuch liegt oder ein

Wenn Sie viele Blüten trocknen möchten, sind Trockenschübe eine gute Möglichkeit.

Dörrapparat. Bei Letzterem dürfen 40 °C nicht überschritten werden, damit sich die ätherischen Ölen nicht verflüchtigen.

▸ Blüten brauchen drei bis acht Tage, um gut durchzutrocknen.

Aufbewahren

▸ Wenn die Blüten „strohtrocken" sind und sich knisternd wie Cornflakes anfühlen, in aroma-, feuchtigkeits- und lichtgeschützte Behälter füllen. Das können gut verschließbare, braune Glasgefäße, spezielle Holz- oder Kartondosen oder beschichtete Weißblechdosen sein. Verwenden Sie keine Metallgefäße und bei ätherischen Ölen keine Kunststoffgefäße!

▸ In einem trockenen, kühlen Raum lagern, denn das hält das Aroma. ●

1001 × Blütengenuss

Liebe geht nun einmal durch den Magen, und frisch gepflückte Blüten bieten eine unglaubliche Fülle an pikanten, süßen, würzigen, zarten oder kräftigen Aromen. Sie können Blüten einfach übers Essen streuen, über Butterbrote oder Salate, in Speisen einrühren, mitkochen oder backen, füllen, frittieren, kandieren oder in Eis oder Getränken verarbeiten. Blüten entfalten ihr dezentes Aroma in Vorspeisen und verzaubern Desserts mit unbekanntem süßem Schmelz, sie träumen in Getränken, bereit, im Gaumen zu erwachen, und sie bereichern herzhafte Gerichte mit uner-

schöpflich unbekannten Aromen. Wählen Sie je nach Speisenfolge scharfe, aromareiche, zarte oder süßlich schmeckende Blüten oder verwenden Sie sie als essbare Dekoration auf Speisen jeglicher Couleur – Sie werden in kaum geahnten Genüssen schwelgen.

Farben und Aromen

Blüten im Essen bieten Ihnen und Ihren Gästen Überraschung und Wohltat fürs Auge, sie sind originelle Zutat und ein Strauß an Farben und Aromen.
Da gibt es die sanftpfeffrige Schärfe der Basilikumblüten,

die meerrettichscharfen Kapuzinerkresseblüten, das Würzige der Kräuterblüten, die farbenfroh-bunte Zutat in „langweilig-grünen" Salaten, die leuchtendgelben Ringelblumenblüten im sattgrünen Blattspinat oder der honigsüße Geschmack und das leuchtende Dottergelb eines „gewöhnlichen" Löwenzahns, der golden im Gelee, Sirup oder Wein erblüht.
Kräuter- und Lauchblüten aromatisieren Rührei, Crepes und Avocados (Guacamole). Pfefferminz, Basilikum, Rose oder Holunder machen sich besonders gut zum Erfrischen einer Sommerbowle, garniert mit fröhlichen himmelblauen Borretschblüten. Die Königin der Blumen, die Rose, schenkt, das ist bekannt, unzähligen Speisen Schönheit und Duft, jede Rosensorte ihren eigenen.
▶ **Für Schleckermäuler** nehmen Sie lieblich-süße Blüten der Linde, Löwenzahn, Huflattich, Holunder, Monarde, Schlüsselblume, Süßdolde oder Veilchen. Der Duft süßer Blüten, in Sirup eingeschlossen, ist jederzeit bereit

Sommer in der Vorratskammer

Kandierte Blüten, Blütenzucker und Blütensalz.

Blütenpulver (getrocknete Blüten pulverisieren und fein durchsieben)

Blütenbutter, -öle und -essig oder Blütensirup, -liköre, -weine, -sekt, -gelee, -honig, oder Blüten in Eis und Sorbets

Kräuterpinsel (Mit blühenden Zweigen aromatischer Kräuter Grillstücke mit Öl bestreichen)

Gäste kommen überraschend, und Sie haben nichts anzubieten? Ein Garten voller Blüten ist die Lösung!

sich zu vereinen mit Desserts oder Getränken und sie mit einem unvergleichlichen Aroma zu krönen. Zum pur genießen sind Taglilienblüten die besten Blüten, saftig-mild, leicht süßlich, besonders für Desserts und Salate.

▸ Zum Aromatisieren von Butter eignen sich frische Blüten genauso gut wie getrocknete. Besonders gut machen sich die Blüten von (Duft-) Rosen, Basilikum (jeglicher Art!), Kräuterblüten (Bohnenkraut, Kerbel, Lavendel, Majoran, Meerrettich, Salbei, Thymian), Kapuziner-

kresse (in allen Farben), Bärlauch (Blüten, Blätter und Stängel), Pfefferminze, Ringelblumen, Schnittlauch, Sonnenblume oder Wiesen-Schaumkraut. Für Naschkatzen bereiten Sie süße Butter mit Anis- oder Fenchelblüten und -samen und Blüten von Königskerze, Löwenzahn, Monarde, Schlüsselblume, Süßdolde oder Veilchen.

▸ Getrocknete Blüten eignen sich bestens zum Einarbeiten in Zucker oder Salz, in Saucen, Senf, über Nachspeisen oder für zarten belebenden, wohlduftenden Blütentee – ein Hochgenuss im Sommer, kalt getrunken und mit Zitrone oder Honig aromatisiert. ●

SMART

Tipps

› **Eine Handvoll** frische Kräuter entspricht ungefähr 20 g Pflanzen.
› **Für die Blütenküche** benötigen Sie frische Blüten – aber Kräuterblüten (Lavendel, Thymian u.a.) können Sie auch getrocknet verwenden, oft ist ihr Aroma dann intensiver.
› **Aus Kräuterblüten** können Sie einen Fond herstellen durch Aufkochen in Sahne, Milch oder Gemüsebrühe, oder Sie können sie als Würzöl oder -essig konservieren.

Hätten Sie's
gedacht?

Die Blütenfülle ist unüberschaubar groß – es sind mehr Blüten essbar als erwartet! Selbst Blüten von Pflanzen, die wir gemeinhin als „Unkraut" bezeichnen, überraschen mit honigsüßem Duft oder Geschmack – Giersch und Löwenzahn sei Dank!

Giersch (*Aegopodium podagraria*), auch „Gärtnerschreck" genannt, ist eines der köstlichsten Wildgemüse, das ich kenne, auch wenn ich ungläubige Blicke ernte, wenn ich meinen privaten Gartentipp weitergebe: Bevor Sie sich über dieses unverwüstlich wuchernde „Unkraut" ärgern,

gehen Sie mit einer großen Schüssel in den Garten und ernten, was Sie nicht gesät und nicht gepflegt haben. Anders als bei sonstigen Wildgemüsen macht das wirklich keine Mühe, die Schüssel ist im Nu gefüllt und in 5 Minütchen haben Sie daraus ein feines Gemüse gekocht! Im Hochsommer blüht der

Giersch mit weißen, honigduftenden Dolden, die sich lange in der Vase halten, und die natürlich ebenfalls essbar sind.
Giersch ist die einzige Pflanze, über die eine Klageschrift aus dem 17. Jahrhundert überliefert wurde, die dieser „imperialistischen, besitzergreifenden" Pflanze

◄ **Sommerblütentraum mit Avocado** Höhlen Sie eine weiche Avocado aus und pürieren sie mit 2 EL Zitronensaft. 60 g Doppelrahmfrischkäse mit 3 EL Milch, Salz und Pfeffer schaumig rühren und zum Avocadopüree geben. Jetzt 2 EL klein gezupfte Gierschblüten unterheben und das Ganze mit frischen Doldenblütchen garnieren – das ist ein Blütentraum, der auf der Zunge zergeht.
Und Gierschblüten scheinen auch Marienkäfern zu munden.

gilt: „Das St.-Gerhardskraut wächst im Garten wie von selbst, ohne Setzen und Aussäen, und es ist in seiner Vermehrung so erfolgreich, dass es, wo es einmal Wurzeln geschlagen hat, nimmer herauszubekommen ist. Jedes Jahr braucht es mehr Boden, zum Nachteil der besseren Kräuter". Doch Giersch war früher sehr beliebt und hatte sogar einen Heiligen als Namensgeber, den Heiligen St. Gerhard, Schutzpatron der Gichtkranken. Giersch, auch

▲ **Grüße vom Hollerbusch** Probieren Sie einmal eine Holundermilch (2 frische Blütendolden in 2 Tassen Milch kurz erhitzen, 10 min ziehen lassen, mit Ingwer, Zimt und Vanille würzen und mit Honig süßen). Oder wie wäre es mit der beliebten Kräuterbowle: 10 Holunderblütendolden (auf Wunsch auch Pfefferminz-, Melissen- oder Doststängel) in 1 l Apfelsaft 3 Stunden ziehen lassen, die Blüten entfernen, den Saft einer Zitrone und 1 l Mineralwasser (oder Sekt) zugeben und genießen.

„Zipperleinskraut" genannt, war damals das Heilmittel gegen die Gicht. Er wurde, man mag es gar nicht glauben, in den Gärten der Landgasthäuser und Klöster des Mittelalters angepflanzt, um jederzeit als schmerzlin-

dernde Wundauflage bei Gichtanfällen der Pilger und Reisenden verfügbar zu sein. Bevor Spinat im 16. Jahrhundert aus Asien eingeführt wurde, galt Giersch unseren Vorfahren als schmackhaftes Nahrungsmittel.

Rezepte mit wilden Pflanzen

SPEZIAL

Rezepte mit Gänseblümchen

Gänseblümchenbrot

Gänseblümchenbrote sehen einfach hübsch aus und sind eine geschmackvolle Überraschung an Kindergeburtstagen und Abendbüfetts.

Das brauchen Sie:

- gebutterte Brotscheiben, besonders gut eignet sich Bauern- oder Walnussbrot
- Gänseblümchenblüten
- Salz und Pfeffer
- Saft von ½ Zitrone

So geht es:

1 Die Blütenköpfchen dicht an dicht auf die gebutterten Brotscheiben legen, das geht ganz schnell und ist kinderleicht!

SMART

Frisch von der Wiese

> Mit Gänseblümchen können Sie viele Gerichte aufpeppen: einfach üppig die Blätter zugeben und mit reichlich Blüten garnieren. Aus den Knospen kann man auch einen Kapernersatz zubereiten: die Blüten salzen und mit heißem Essig übergießen.

2 Auf Wunsch mit einem Hauch Salz oder Pfeffer bestreuen oder mit einem Spritzer Zitronensaft beträufeln.

Rendezvous mit Löwenzähnen

Die mild süßlich-nussigen Gänseblümchen mit ihrem dem Feldsalat ähnlichen Geschmack harmonieren auch farblich hervorragend mit den leicht bitteren Löwenzahnblättern im Salat.

Das brauchen Sie:

- je 2 Handvoll Gänseblümchenblätter und Löwenzahnblätter, gewaschen und grob geschnitten
- 1 EL Blüten
- 1 Handvoll Sonnenblumenkerne, ohne Fett goldgelb geröstet
- für das Dressing: 4 EL Sonnenblumenöl, 2 EL Zitronensaft, 2 EL Orangensaft, 1 EL milden Senf, Salz und Pfeffer zum Würzen.

So geht es:

1 Das Dressing zubereiten.
2 Die Gänseblümchenblätter und Löwenzahnblätter unter das Dressing mischen.

3 Eine halbe Stunde ruhen lassen, denn die Blätter des Gänseblümchens kommen besser zur Geltung, wenn man sie etwas durchziehen lässt.
4 Direkt vor dem Servieren die gerösteten Sonnenblumenkerne noch heiß darüber streuen und mit den Gänseblümchen- und Löwenzahnblüten (aus dem bitteren Kelch gezupft) dekorieren: Guten Appetit!

Die Lieblingssuppe der Kids

Kinder lieben Gänseblümchen, und wenn sie diese Pflanze selbst sammeln und – mit Hilfe – daraus eine Suppe zubereiten dürfen, wird das besonders munden.

Das brauchen Sie:

- 4 EL fein gewiegte Gänseblümchenblüten und -blätter
- je 2 EL Mehl und Butter für eine Mehlschwitze
- 600 ml Gemüsebrühe
- 2 EL Zitronensaft, Salz und Pfeffer zum Abschmecken
- 4 EL Sauerrahm

- 8 EL Brotwürfelchen und
  1 EL Butter
- 2 EL Blüten zur Dekoration

So geht es:
1 Aus Butter und Mehl eine helle Mehlschwitze zubereiten und die Gänseblümchen zugeben.
2 Mit Gemüsebrühe auffüllen und aufwallen lassen.
3 Abschmecken mit Zitrone, Salz und Pfeffer.
4 Parallel dazu die Brotwürfelchen in Butter anrösten.
5 Die Suppe in Suppenteller füllen, je 1 EL Sauerrahm in die Mitte geben, die Brotwürfelchen darüber streuen und mit Blüten dekoriert servieren.

Germanentoast

Diese Brote sind schnell zubereitet und für Gäste immer etwas Besonderes: Lassen Sie sie doch einmal raten, was sie gerade kosten. Vielleicht tippen sie auf Feldsalat, denn daran erinnert der Geschmack der Gänseblümchenblüten und -blätter.

Das brauchen Sie:
- 1 knappe Handvoll klein geschnittene Blüten und Blätter des Gänseblümchens
- 70 g Doppelrahmfrischkäse
- 2–3 EL Milch

Nicht nur für Kindergeburtstage gut: Gänseblümchen auf dem Brot.

- 1 TL Zitronensaft
- 1 zerdrückte Knoblauchzehe
- etwas Salz und eine Prise Zucker

SMART

Übrigens ...

› **Gänseblümchenknospen** blühen innerhalb kurzer Zeit (maximal 5 min) in der heißen Suppe auf! Also nicht traurig sein, wenn Sie nur Knospen finden, im Gegenteil: Gönnen Sie sich und Ihren Gästen diese Überraschung!

- getoastetes Brot, zum Beispiel Vollkornbaguette, Dinkel- oder Walnussbrot
- ½ Tasse Blüten zum Garnieren

So geht es:
1 Den Frischkäse mit Milch und Zitronensaft verrühren.
2 Knoblauch, die geschnittenen Gänseblümchen, Salz und eine Prise Zucker unterheben.
3 Das getoastete Brot damit bestreichen und mit Blüten hübsch garnieren.
4 Mit einem Salat ergibt das ein vollständiges Abendessen.

Gänseblümchen

Rezepte mit Gundermann

Maibowle mit Gundermannblüten

Eine Maibowle muss nicht unbedingt Waldmeister enthalten, probieren Sie einmal diese Version – Sie und Ihre Gäste werden begeistert sein!

Das brauchen Sie:

- 3 l guten, trockenen Weißwein (Riesling oder Weißburgunder)
- 2 in Scheiben geschnittene ungespritzte Zitronen
- Zucker oder Apfeldicksaft nach Belieben
- einen aromatischen Strauß mit Kräutern:
  10 Stängel Zitronenmelisse,
  10 Blätter der schwarzen Johannisbeere,
  5 Triebe Thymian,
  5 Stängel Pfefferminze,
  2 Stängel Estragon,
  2 Salbeiblätter und
  2 Lavendelstängel.
- 1 Handvoll Gundermannblütchen

So geht es:

1 In ein großes Bowlengefäß den Kräuterstrauß und die Zitronenscheiben 2–3 Stunden lang in den Weißwein legen.

2 Anschließend den Kräuterstrauß auspressen und entfernen.

3 Nach Belieben mit Zucker bzw. Apfeldicksaft süßen.

4 2–3 Stunden kühl stellen oder 1 Handvoll Eiswürfel zugeben.

5 Direkt vor dem Servieren die Gundermannblütchen zufügen – die Zitronenscheiben dürfen in der Bowle bleiben, denn ihr Gelb harmoniert wunderbar mit dem Zartblau der Blüten.

Gundermann-Eis

Die stark aromatischen Gundermannblätter geben diesem Eis eine spritzig-pfiffige Note – sie müssen aber klitzeklein geschnitten werden, damit sich ihr Aroma gut verteilt!

Das brauchen Sie:

- 2 Bananen
- ½ reife Mango
- Saft einer Zitrone
- 5 g gehackte Gundermannblätter, ganz fein geschnitten
- 75 ml Buttermilch
- 100 ml Schlagsahne
- Honig nach Belieben
- 2 EL Gundermannblüten

So geht es:

1 Bananen mit Mango pürieren und mit Zitronensaft beträufeln.

2 Gundermannblätter und Buttermilch einrühren und die Schlagsahne unterziehen.

3 Nach Bedarf mit Honig abschmecken und einfrieren, nach jeweils 1 Stunde kurz aus dem Gefrierschrank nehmen und durchrühren.

4 Üppig mit Blütchen dekoriert, schmeckt das einfach köstlich!

Wiesen-After-Eight

Dass diese Blättchen, wenn sie in Schokoladenkuvertüre versteckt sind, so köstlich schmecken, glaubt Ihnen zuerst niemand – das muss man probiert haben!

Das brauchen Sie:

- 100 g Halbbitterkuvertüre
- Butterbrotpapier
- Backblech
- 50 größere Gundermannblätter mit Stiel

So geht es:

1 Das Backblech mit Butterbrotpapier auslegen.

2 Die Kuvertüre im Wasserbad schmelzen.

Wenn Pflanzen solch einen Schokoladenmantel umgehängt bekommen, werden sie verzaubert – aus herbwürzigen Gundermannblättchen wird leckeres Wiesen-After-eight!

3 Die Blättchen mit dem Backpinsel (oder den Fingern) vorsichtig auf beiden Seiten mit der geschmolzenen Schokolade bestreichen, einzeln auf das Backblech legen und anschließend kühl stellen.

SMART

Gewürzsalz

› **Getrocknete Gundermannblätter,** mit grobem Meersalz fein gemörsert, ergeben ein aromatisches Salz.

4 Sind die Bättchen hart, behutsam vom Papier lösen und im Kühlschrank aufbewahren.
5 Als „Wiesen-After-Eight" zu Desserts servieren, aber sie schmecken auch pur...

Wildkräuter-Guacamole

Auf frischen Salatblättern gereicht ist dieses Gericht eine pfiffige Beilage zu Salat, Baguette, Sandwiches oder kaltem Büffet.

Das brauchen Sie:
▸ 2 weiche Avocados
▸ Saft einer Zitrone
▸ 1 Becher Joghurt
▸ 1 Handvoll fein geschnittene Wildkräuter: Gundermann, Sauerampfer, Spitz-Wegerich, Schafgarbe, Kerbel
▸ 1 zerdrückte Knoblauchzehe, Pfeffer, Salz, Paprika

So geht es:
1 Die Avocados pürieren, Zitronensaft und Joghurt unterrühren.
2 Die Kräuter fein geschnitten zugeben und würzen.

Rezepte mit Huflattich

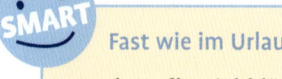

Ein sonniges, honigduftendes Frühjahrsdessert.

Blütenhonig

Mit diesem Honig können Sie Mixgetränke oder Desserts aromatisieren, Ziegenfrischkäse übergießen – oder Sie können ihn bei Husten in den Tee einrühren.

Das brauchen Sie:

- je 1 Tasse frische Blüten von Huflattich, Veilchen, Schlüsselblumen und Gänseblümchen
- 500 g dünnflüssigen Lindenblüten- oder Tannenhonig
- 1 Einmachglas

So geht es:

1 Im Einmachglas eine 2 cm dicke Schicht frische Blüten einlegen und 2 cm hoch mit Honig übergießen.
2 Schicht für Schicht die nächsten Blüten und Honig nachfüllen bis das Glas voll ist.
3 Das Glas auf einer sonnigen Fensterbank 3 Wochen lang stehen lassen; dabei zweimal täglich umdrehen (die Blüten schwimmen immer wieder nach oben).
4 Anschließend die Blüten vom Honig abpressen – fertig ist der Blütenhonig.

Huflattichblüten-Dessert

Eine Nachspeise wie Götterwerk, es erinnert in der Tat an den „Wackelpudding" der Kindheit, den wir „Götterspeise" genannt haben.

Das brauchen Sie:

- 1 Handvoll frisch gesammelte Huflattichblüten
- ½ l fruchtig-milden Weißwein
- 6 EL Zucker
- 8 Blatt Gelatine
- 1 Becher Sahne

So geht es:

1 Die Huflattichblüten waschen und gut abtropfen lassen.
2 In eine Schüssel geben, mit Zucker bestreuen, mit dem Wein aufgießen und über Nacht zugedeckt kühl stellen.
3 Die Gelatineblätter in kaltem Wasser einweichen und gut ausdrücken.
4 Anschließend den Wein mitsamt den Blüten kurz aufwärmen und die Gelatine darin unter Rühren auflösen.
5 Die Masse in eine Form füllen und 2–3 Stunden kühl stellen.

SMART 😊

Fast wie im Urlaub

- **Auch Huflattichblätter** eignen sich zu genussvollen Speisen. Sie können sie wie Weinblätter verwenden und eine Art „heimische Dolmades" daraus zubereiten: Mit Reis, Pinienkernen, Knoblauch und Pistazien befüllt 20 min im Ofen ausbacken.

Blüten-Honig ist lecker und gesund – und obendrein einfach herzustellen.

6 Dann die Form stürzen und das Dessert mit Sahne garniert servieren.

Huflattich-Zabaione

Dieses honigwarme, schaumige Gericht ist Genuss pur. Es ist einfacher zuzubereiten als Sie denken – nur Mut!

Das brauchen Sie:

- 4 Eigelb
- 1 ausgekratzte Vanillestange
- 50 g Zucker
- 1 Handvoll frische Huflattichblüten
- 100 ml Marsalawein

So geht es:

1 Die Huflattichblüten 2 Stunden lang im Marsalawein ausziehen.

2 Eigelb, Vanille und Zucker mit dem Schneebesen verrühren.

3 Die Eischaum-Masse im heißen Wasserbad kräftig aufschlagen und dabei den Huflattich-Marsalawein einfließen lassen.

4 Die Zabaione so lange weiterschlagen, bis sich die Masse verdoppelt hat.

5 Mit Huflattichblüten verziert servieren.

Huflattichblüten-Soße

Huflattich blüht nur kurze Zeit. Wer an Frühlingstagen einmal seine Nase in das goldgelbe Blütenkörbchen gesteckt hat, weiß, wie lohnenswert das Sammeln dieser honigduftenden Blüten ist. Entsprechend fein mundet dieses Sößchen zu süßen Aufläufen, Eis oder Desserts.

Das brauchen Sie:

- 1 kleine Handvoll fein zerkleinerte Huflattichblüten
- 2 EL Zucker
- ½ l Weißwein
- 1 EL Grieß
- 1–2 EL Zitronensaft

So geht es:

1 Die Blüten mit Zucker bestreuen und mehrere Stunden in Wein einlegen.

2 Den Grieß in ½ l heißem Wasser anrühren und den Zitronensaft zufügen. Den Wein mitsamt Huflattichblüten langsam unterrühren und die Soße kalt stellen.

Rezepte mit Kapuzinerkresse

Kapuzinerkresse-Essig

Kapuzinerkresse-Essig ist eine der schönsten Arten, die hübschen Blüten zu konservieren. Das sieht wunderbar aus und kann gut ein Jahr aufgehoben werden, dann aber sollte er aufgebraucht sein. Er schmeckt pikant-aromatisch und ist ein würziger Salatessig für kräftige Salate. Zugleich ist er gesunde Medizin zur Haarpflege (1:1 mit warmem Wasser mischen), für eine stoffwechsel- und darmregulierende Kur oder zum Gurgeln bei Halsweh oder Angina (2 TL Essig mit ½ Glas lauwarmem Wasser verdünnt).

Das brauchen Sie:

› 1 Handvoll bunte Kapuzinerkresse-Blüten
› 1 dekoratives, verschließbares Glasgefäß mit breiter Öffnung
› milden Bio-Weißwein- oder Apfelessig

So geht es:

1 Die Blüten locker in das Glasgefäß füllen und bis an den Rand mit Bio-Apfelessig übergießen.

2 Aufs Fensterbrett stellen und zu Beginn öfter schütteln, damit alle Blüten mit Essig bedeckt bleiben (sie schwimmen immer wieder an die Oberfläche).

3 Schon nach 1 Woche ist der zartpikante Würzessig zur Verwendung fertig. Die Blüten dürfen dort so lange bleiben, bis sie nicht mehr vom Essig bedeckt werden.

Salat im Blütenfeuer

Diese Blütenpracht schmückt auch den langweiligsten grünen Salat und entfacht die Lust am gesunden Genuss.

Das brauchen Sie:

› 1 Frisée-Salat, gewaschen und klein gezupft
› pro Person 10 Kapuzinerkresse-Blätter mit Stielen und 5 verschiedenfarbene Blüten
› Kapuzinerkresse-Essig (siehe vorheriges Rezept)
› kaltgepresstes Sonnenblumenöl
› Saft einer Zitrone
› Salz, Pfeffer
› Estragonsenf
› schöne Champignons (pro Person ca. 70 g)

So geht es:

1 Aus Kapuzinerkresse-Essig, Salz, Pfeffer, Senf und dem Öl ein Dressing zubereiten.

2 Die Champignons blättrig schneiden, mit Zitronensaft beträufeln und im Dressing marinieren.

3 Kapuzinerkresse-Blattstiele wie Schnittlauch klein schneiden und mit den grob geschnittenen Blättern in das Dressing geben.

4 Die Salatblätter behutsam unterheben und zur Krönung üppig mit den Blüten garnieren.

5 Dazu passt Baguette mit Kapuzinerkresse-Butter.

SMART

Kapuzinerkresse im Garten

› **Kapuzinerkresse** können Sie gut zum Begrünen von Baumscheiben einsetzen, als Schutz vor Blatt- und Blutlausbefall oder als „natürlichen Schneckenzaun": Sie ist zwar anfällig gegen Läuse und Kohlweißlingsraupen, aber den Schnecken selbst schmeckt sie nicht.

Kapuzinerkresse-Butter

Einfach und schnell – ein gelungener Hingucker für Ihre Sommerparty.

Das brauchen Sie:
- 250 g weiche Butter
- 1 EL Zitronensaft
- 50 g Ricotta
- Kräutersalz
- 2–3 Handvoll Blüten, einige Stängel und wenige Blätter der Kapuzinerkresse

So geht es:

1 Die weiche Butter mit Zitronensaft und Ricotta vermengen und mit dem Salz abschmecken.

Dekorativ und vielseitig zu verwenden: Kapuzinerkresse-Essig.

2 Die Blüten zuerst auf Insekten untersuchen und dann klein schneiden, Stängel und Blätter ebenso.
3 Unter die Butter mengen, eine Rolle formen, von außen mit Blütenblättern bedecken und im Kühlschrank erkalten lassen.
4 In Scheiben geschnitten servieren – passt aufs Butterbrot, zu Gemüse, Fleisch, Pasta oder Reisgerichten.

Blütenfülle

Die bunten, gefüllten Blüten sind ein leckerer Appetitmacher für Ihre nächste Party.

Das brauchen Sie:
- frische Kapuzinerkresse-Blüten
- Meerrettichcreme aus dem Bioladen
- Sauerrahm
- Zitronensaft
- Salz

So geht es:

1 Die Meerrettichcreme und den Sauerrahm mit dem Zitronensaft verrühren und mit Salz würzen.
2 Die Creme ganz behutsam in die Kapuzinerkresse-Blüten füllen und auf einer großen Platte anrichten.
3 Passt gut zu Baguette mit Lachs.

Rezepte mit Lavendel

Lavendelsorbet

Ein Dessert, das auf der Zunge zergeht.

Das brauchen Sie:

- 450 ml Wasser
- 125 g Zucker
- 6 blühende Lavendelrispen
- Schale und Saft zweier unbehandelter Zitronen
- 1 steif geschlagenes Eiweiß
- Likör nach Belieben

So geht es:

1 Den Zucker im Wasser auflösen und unter Rühren zum Kochen bringen.

2 Nach 5 min die blühenden Lavendelrispen zugeben und zusammen erkalten lassen; anschließend die Rispen herausnehmen.

3 Zitronensaft und -schale zugeben und 3 Stunden in den Gefrierschrank stellen; dabei ab und zu umrühren.

4 Das steif geschlagene Eiweiß unterheben und wieder in den Gefrierschrank geben.

5 Vor dem Servieren leicht antauen, mit Blütchen bestreuen und nach Belieben mit etwas Likör übergießen.

SMART

Ausgezeichnete Heilpflanze

> **Lavendel** wurde zur Heilpflanze des Jahres 2008 gekürt: Er beruhigt und entspannt, vertreibt Motten, duftet vorzüglich und soll dafür sorgen, dass sich ein Paar nie streitet, wenn es Blüten zwischen die Bettlaken streut.

Lavendelsirup

Zum entspannenden Genuss: der Sirup aromatisiert Desserts und eignet sich bestens für Mixgetränke.

Das brauchen Sie:

- 120 g Zucker
- 150 ml Wasser
- 9 Lavendelblütenstängel

So geht es:

1 Den Zucker bei schwacher Hitze im Wasser auflösen, zum Kochen bringen und nach 5 min vom Herd nehmen.

2 Die Lavendelblütenstängel 24 Stunden im Zuckerwasser ziehen lassen.

3 Anschließend die Stängel entfernen, den Sirup abfüllen und im Kühlschrank aufbewahren (2 Wochen haltbar).

Einfach edel, so ein Lavendeleis – da können Sie entspannen!

Lavendellikör

Etwas Edles nach stressigen Tagen, likörgläschenweise zu genießen.

Das brauchen Sie:
- 1 Handvoll frische Lavendelblüten
- 500 ml Gin
- 1 aufgeschlitzte Vanillestange
- 5 Kapseln zerstoßenen Kardamom
- 1 EL frischer Ingwer, in dünne Streifen geschnitten
- Schale einer ungespritzten Limette, mit dem Zestenreißer in sehr feine Streifen geschnitten
- 100–150 g weißen Kandiszucker
- 1 Glas mit 1 l Fassungsvermögen

So geht es:
1. Sämtliche Zutaten in das Glas füllen, den Kandis als letztes.
2. 3 Wochen auf dem Fensterbrett stehen lassen, täglich schütteln.
3. Anschließend filtern und noch 1–2 Monate nachreifen lassen.
4. Genießen Sie den Likör pur oder als aromatische Überraschung im Sekt oder einfach in Mineralwasser.

Lavendelsirup ist ein besonders leckeres Geschenk für liebe Freunde.

Lavendeleis

Lavendel entspannt und beruhigt – Lavendel in Eis mag Seelenlabsal sein.

Das brauchen Sie:
- 1 EL frische Lavendelblüten
- 3 EL Muskatellerwein
- 250 g Mascarpone
- 250 g Joghurt
- 50 ml Lavendelsirup
- 1 Eiweiß

So geht es:
1. Die Lavendelblüten im Muskatellerwein 30 min ziehen lassen.
2. Die Mascarpone mit dem Joghurt zu einer cremigen Masse schlagen.
3. Den Wein abfiltern, mit 50 g Lavendelsirup mischen und alles unter die Mascarponecreme ziehen.
4. Das Eiweiß steif schlagen, vorsichtig unter die Masse mischen und ins Gefrierfach stellen.
5. Einige Stunden gefrieren lassen.
6. Vor dem Servieren mit Blüten überstreuen und mit einem kleinen Schuss Lavendelsirup oder -likör übergießen.

Rezepte mit Löwenzahn

Brotaufstrich „Löwenzahn satt"

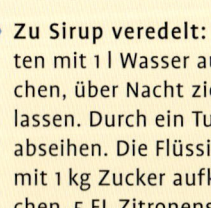

Hier haben Sie die ganze kraftvolle Palette der oberirdischen Teile des Löwenzahns vereint: Blätter, Knospen und Blüten.

Das brauchen Sie:

› 200 g Meerrettich-Frischkäse
› je 2 EL Zitronensaft und Sahne
› Salz, Pfeffer
› 2 EL grob zerstoßene Cashewkerne
› 3 EL kleinere, zarte Löwenzahnblätter
› 3 EL Löwenzahn-Knospengemüse (siehe nächstes Rezept)
› 6 EL ausgezupfte Blütenblättchen von Löwenzahnblüten

So geht es:

1 Den Frischkäse mit Zitronensaft, Sahne, Salz und Pfeffer verrühren und gut abschmecken.
2 Die Nüsse, Löwenzahnblätter sowie die Hälfte der -blüten und die erkalteten Löwenzahnknospen unterheben.
3 Mit den restlichen Löwenzahnblüten dekoriert servieren.

Eine Wiese voller Löwenzahn

› **Zu Sirup veredelt:** Blüten mit 1 l Wasser aufkochen, über Nacht ziehen lassen. Durch ein Tuch abseihen. Die Flüssigkeit mit 1 kg Zucker aufkochen, 5 EL Zitronensaft zugeben und heiß in Flaschen abfüllen.

Knospengemüse

Der Gipfel der Zartheit sind die Blütenknospen, die unten an der Rosette noch geschlossen ruhen. Sie schmecken besonders delikat – ein bisschen nach Spargel und Rosenkohl.

Das brauchen Sie:

› 4 Handvoll Löwenzahn-Blütenknospen
› 1 gehackte Zwiebel
› 30 g Butterschmalz
› Salz, Pfeffer und Muskat
› 2 EL Zitronensaft

So geht es:

1 Die Zwiebel in Butterschmalz dünsten.
2 Die Knospen zugeben, 5 min mitdünsten und mit Salz, Pfeffer und Muskat abschmecken.
3 Zitronensaft darüberträufeln – fertig ist diese Köstlichkeit.

Salat mit Löwenzahnblättern

Das brauchen Sie:

› 1 Knoblauchzehe
› Dressing: 3 EL Sonnenblumenöl, 1 EL Essig, 1 TL Senf, Pfeffer und Salz, 1 geriebener Apfel
› 2 Handvoll grob geschnittene, junge Löwenzahnblätter
› 2 EL Sahne (oder hart gekochte Eier, Orangen- oder Käsestückchen, Maiskörner, geröstete Brot- oder Speckwürfelchen)

So geht es:

1 Die Salatschüssel mit einer Knoblauchzehe ausreiben.
2 Das Dressing zubereiten und darin die Löwenzahn-Blätter 30 min marinieren.
3 Mit der Sahne und Löwenzahnblüten zur Dekoration wird der Salat zu einem gesunden Genuss für die ganze Familie.

Löwenzahn-Brotaufstrich mit *Frischkäse.*

Rezepte mit Dost

Dostbrot im Topf

So ein duftendes, frisches Brot ist auch ein köstliches Gastgeschenk.

Das brauchen Sie:

- 500 g Dinkelmehl
- 1 Würfel Hefe
- 3 EL Olivenöl
- 1 TL Meersalz
- 2–3 EL klein gehackte Majoranblüten und -blätter
- 3 EL klein gehackte getrocknete Tomaten oder Oliven
- 100–150 ml lauwarmes Wasser

So geht es:

1 Majoranblätter und -blüten, getrocknete Tomaten oder Oliven mit lauwarmem Wasser, Mehl und Hefe zu einer Teigkugel kneten und 1 Stunde ruhen lassen.

2 Den Teig in ein durchfeuchtetes, eingeöltes Tongefäß (Blumentopf) geben, mit Sonnenblumenkernen bestreuen.

3 Bei 200 °C 30–40 min backen.

4 Abkühlen lassen und noch warm aus dem Gefäß nehmen. Mit Kräuterbutter bestrichen und mit Wildkräutersalat serviert, ist das ein herrliches Sommerpicknick.

Wohlgemuter Auflauf

Das Kräutlein Wohlgemut, wie der Dost auch genannt wird, beschert Ihnen hiermit ein geniales Sommermenü.

Das brauchen Sie:

- je 1 Tasse Milch und Wasser
- 1 Tasse Vollkornreis
- 1 kg Zucchini, in Scheiben geschnitten
- 5 EL kalt gepresstes Olivenöl
- 1 gehackte Zwiebel
- 3 verquirlte Eier
- 150 g geriebener Gouda
- Salz, Pfeffer und Muskat
- 2 Handvoll blühende Dosttriebe, klein geschnitten
- Butterflöckchen

So geht es:

1 Den Vollkornreis in der Milch-Wassermischung 15 min lang kochen.

2 In der Zwischenzeit die Zucchini in Olivenöl andünsten und in einem Sieb abtropfen lassen.

3 Im Zucchinifett die Zwiebelwürfel andünsten, anschließend die Eier und 100 g Gouda zugeben und abschmecken.

4 Zucchinis, den Reis und den Dost dazugeben, die Masse in eine gefettete Auflaufform füllen und mit Butterflöckchen und dem Rest Käse bestreuen.

5 Bei 200 °C ungefähr 30 min überbacken.

6 Heiß, warm oder kalt servieren – köstlich mit einem knackigen Wildkräutersalat.

Dostküchlein wider den Teufel

Dost soll den Teufel erkennen helfen – möge es mit diesem Gericht besonders gut gelingen!

Das brauchen Sie:

- 50 g weiche Butter
- 100 g frisch gemahlenes Weizenmehl
- 1 EL milden Blütenessig
- Blätter und Blüten von 10 Doststängeln

SMART

Kraut der Aphrodite

> **Majoran** war im Altertum der Liebesgöttin Aphrodite geweiht. Mit Majoran gewürzter Wein galt damals als Aphrodisiakum.

Was da so alles wächst im Blumentopf...

je 1 EL frischer Thymian und Bohnenkraut, 1 Pfefferminzblättchen, alles fein geschnitten

So geht es:

1 Aus der Butter und dem Weizenmehl einen Teig zubereiten.

2 Den Blütenessig unterheben und die Kräuter einarbeiten.

3 Nach Geschmack etwas würzen und nussgroße Kugeln daraus formen.

4 Auf einem gefetteten Backblech bei 150 °C 40 min backen.

Majorankartoffeln

Mit Salat zusammen ein aromatisches Essen.

Das brauchen Sie:

- 1 kg Kartoffeln, in dünne Scheiben geschnitten
- Salz, Pfeffer und Muskat
- 3 Handvoll klein geschnittenen Dost
- Sahnemilch: 200 ml Sahne und 300 ml Milch
- 30 g Butterflöckchen

So geht es:

1 Die Kartoffeln mit Salz, Pfeffer und Muskat würzen

SMART Tipp

> **Majoran** ist besonders bekannt als Würzkraut für fette Wurstwaren und Braten, die er zugleich besser verdauen hilft.

und abwechselnd mit dem Dost in eine gefettete Auflaufform legen; die oberste Lage soll ohne Kräuter sein, damit sie nicht verbrennen.

2 Mit der Sahnemilch übergießen und mit Butterflöckchen überstreuen.

3 Bei 170 °C 90 min lang backen.

Rezepte mit Pfefferminze

Nymphenspeise

Dieses Gericht heißt so, weil der Sage nach die Minze aus einer verwandelten Nymphe namens Mentha entstanden sein soll.

Das brauchen Sie:

- 200 g Quark
- 100 g Joghurt
- 1 EL Honig
- 1 Vanilleschote
- 100 ml steif geschlagene Sahne

Pfefferminze gehört zu den erfrischensten Pflanzen.

- ½ Handvoll Pfefferminzblättchen, fein gehackt
- Bitterschokoladentäfelchen

So geht es:

1. Quark, Joghurt und Honig verrühren.
2. Aus der Vanilleschote das Mark herauskratzen und mit der Sahne unter den Quark heben.
3. Die Pfefferminze unterrühren und alles möglichst lang kühlen.
4. Mit Schokotäfelchen serviert (oder mit Gundermannblättchen, siehe Seite 18), schmeckt diese Nymphenspeise wie eine kleine Sünde.

Minzesirup

Was tun, wenn die Minze wächst und wächst? Konservieren Sie doch einfach die köstliche Frische und bereiten Sie Sirup daraus. Sie können ihn zum Würzen von Süßspeisen, Fruchtbowlen, delikaten Speisen und Getränken (auch alkoholischen) verwenden oder zu Eis, Sorbet und Gelee verarbeiten. Mit gekühltem Mineralwasser verquirlt, ergibt das ein erfrischendes Getränk.

SMART Tipps

- **Minzesahne:** 250 ml Sauerrahm mit 10 EL Minzeblättchen pürieren, eventuell Zitronensaft zugeben. Schmeckt zu warmem Gemüse, Eintopf oder Desserts.
- **Liebestrank:** 2 TL Minze und 1 TL Bohnenkraut mit ½ l heißen Wasser überbrühen, bedeckt ziehen lassen, abgießen und mit Honig gesüßt gemeinsam genießen.

Das brauchen Sie:

- 2 Tassen Zucker
- 2 Tassen Wasser
- 2 Tassen klein geschnittene Pfefferminzblätter

So geht es:

1. Den Zucker im Wasser auflösen und mit den Pfefferminzblättern zusammen 5 min köcheln.
2. 15 min bedeckt stehen lassen und danach noch warm in Flaschen füllen.

Minzelikör

Ein Pfefferminzlikör ist immer ein wohlschmeckender, und verdauungsfördernder

Ein traumhafter Name für ein traumhaftes Dessert: Nymphenspeise.

Magenschmeichler nach üppigem Essen, er peppt aber auch Desserts auf oder verwandelt ein „gewöhnliches" Glas Sekt in ein „Kir Mentha".

Das brauchen Sie:
- je 4 EL frische Pfefferminz- und Melissenblätter
- ⅓ Zimtstange
- 3 Scheiben frischer Ingwer
- je 1 TL zerdrückte Fenchelsamen und Kardamomkapseln
- 1 EL Schafgarbenblüten
- 80 g Kandiszucker
- 750 ml 32 %iger Korn

So geht es:
1. Die gesamten Zutaten mit Korn übergießen und 2 Monate ziehen lassen, dabei regelmäßig schütteln.
2. Anschließend abgießen und in Maßen genießen.

Minzesoße

Diese Soße ist warm oder kalt eine Delikatesse und passt überall dort, wo Sie einen Frischekick brauchen: zu Nachspeisen jeglicher Art, Crepes oder Waffeln, Fenchelgemüse, kaltem Braten und vielem mehr.

Das brauchen Sie:
- 1 Handvoll Minzeblätter
- 1 sehr klein geschnittener Apfel
- 1 EL Blütenessig
- wenig Wasser
- etwas Honig und Schlagsahne

So geht es:
1. Die Minzeblätter mit dem Apfel zusammen im Blütenessig und wenig Wasser 5 min köcheln und 5 min ziehen lassen.
2. Die Masse pürieren und nach Geschmack mit Honig und Schlagsahne verfeinern.

Rezepte mit Ringelblume

Safranrosenbutter

Das schmeckt fein aufs Brot, passt aber auch gut zu Spaghetti, Gemüse, Fisch oder Geflügel.

Das brauchen Sie:

› 250 g weiche Butter
› 2 EL Zitronensaft
› 4 EL Sauerrahm
› 1 Tasse ausgezupfte Zungen- blütchen der Ringelblume
› etwas Curry und Salz

So geht es:

1 Ringelblumenblüten mit Sauerrahm und Zitronensaft zusammen in die weiche Butter einarbeiten.
2 Mit Curry und Salz ab- schmecken und mit Ringel- blumenblüten garnieren.

Versteckte Ringelblumen

Eine kleine Aufmerksamkeit auch für überraschende Gäste, denn dieses Gericht können Sie ganz schnell zaubern!

Das brauchen Sie:

› 1 Ei, Eigelb und Eiweiß getrennt
› 125 g Mehl

SMART

Ringelblumen-Gelee

› 1 l kochendes Wasser über 200 g frische Ringelblumenblüten gie- ßen, 10 min abgedeckt ziehen lassen; anschlie- ßend abseihen. Den Saft einer Zitrone und 1,5 kg Gelierzucker zugeben, 5 min lang köcheln und noch heiß in Gläser füllen.

› 125 ml Bier
› 15 Ringelblumenköpfchen
› 1 EL Olivenöl
› Salz, Muskatnuss, auf Wunsch etwas Zucker
› Olivenöl zum Frittieren

So geht es:

1 Mehl, Bier, Eigelb, Zu- cker, Salz und Muskat zu einem glatten Teig verrüh- ren und 20 min ruhen lassen.
2 Öl unterrühren und das steif geschlagene Eiweiß unterheben.
3 Die Ringelblumenblüten mit dem Bierteig tränken und im heißen Öl im Topf oder in der Friteuse 2–3 min lang ausbacken.
4 Auf einem Küchenpapier abtropfen lassen und so- gleich servieren.
5 Fein schmeckt es, wenn

Sie die ausgebackenen Blü- ten in eine Joghurt-Quark- soße dippen, entweder pikant gewürzt mit Kräuter- salz und Curry oder in der süßen Variante mit Honig und ausgekratzter Vanille- stange, aber immer üppig mit den Blütenblättern der Ringelblume bestreut.

Gold-Muffins

Das Blüten-Karotin, die Vor- stufe des Vitamin A, gibt dem Ganzen die schöne goldgelbe Farbe.

Das brauchen Sie:

› ¾ Tasse Milch
› 6–8 EL frische, sehr fein geschnittene (ganze) Ringel- blumenblüten oder 1 ½ EL getrocknete, zermahlene Blütenblätter
› 3 EL Pflanzenöl
› 2 Tassen Mehl
› 1 EL Backpulver
› etwas Salz
› 4 EL Honig
› 1 Ei

So geht es:

1 Die Milch einmal kurz aufkochen, die Ringelblu- men und das Öl zugeben und abkühlen lassen.

2 Mehl sieben, mit Backpulver und Salz mischen. Anschließend Honig und Ei untermengen und die Ringelblumen-Milch unterrühren.

3 Die Muffin-Formen zu ⅔ mit der Masse füllen und 20 min lang bei 200 °C backen.

Ringelblumen-Liebessuppe

Ringelblumen entfalten ihre Heilkräfte auch über den Magen – nicht nur deshalb werden sie auch Liebesblumen genannt.

Uralte Tradition: Das Färben von Speisen mit der „Safranrose".

Das brauchen Sie:

- 3 EL Butter
- je ¾ Tasse fein geschnittene Ringelblumenblüten sowie gewürfelte Karotten, Fenchel, Zwiebeln und Zucchini
- je 1 Tasse Milch und Rahm
- 4 EL Mehl
- 2 EL Sherry
- 1 l Hühnerbrühe
- je 1 EL fein gewiegter Basilikum- und Pfefferminzblättchen und Ringelblumen-Blütenblätter
- 3 Tassen geriebener Cheddar-Käse
- Salz, Pfeffer

So geht es:

1 Die Gemüsewürfelchen in der Butter 10 min goldgelb andünsten. Mehl unterrühren, mit Brühe ablöschen und rühren bis die Suppe etwas eingedickt ist.

2 Leicht abkühlen lassen, die Ringelblumenblüten zugeben und den Käse einrühren. Mit Salz, Pfeffer, Milch, Rahm und Sherry abschmecken.

3 Vor dem Servieren nochmals kurz erwärmen und mit den fein gewiegten Blättern und Blüten bestreuen.

Rezepte mit Rot-Klee

Roter Wiesenreis

Ein mild-fruchtiges Früh-
sommergericht.

Das brauchen Sie:

- 150 g Reis
- je 4 EL Olivenöl und
  Orangensaft
- je 2 Handvoll Rot-Kleeblätter
  und ausgezupfte Rot-Klee-
  blütchen
- etwas Salz und
  Zitronensaft
- 1 EL gehackte Pfeffer-
  minzblättchen

So geht es:

1 Den Reis kochen, abtropfen und sogleich mit Olivenöl und Orangensaft mischen.
2 Die Rot-Kleeblätter klein
geschnitten unterheben.

3 Mit Salz, Zitronensaft
und Minzeblättchen würzen.
4 Die Rot-Kleeblüten
daruntermischen – und
genießen.

Wiesentörtchen

Mit Wildkräutersalat ein
feines Abendessen.

Das brauchen Sie:

- 250 g Blätterteig
- 4 EL Speckwürfelchen
- 2 EL gehackte Zwiebeln
- 1 EL Butter
- 150 g zarte Rot-Kleeblätter
- 150 g Spinat (alternativ
  Giersch oder Brennnesseln)
- 2 Eier
- 100 g milder Käse
- körnige Gemüsebrühe, Salz
  und Muskat zum Würzen

So geht es:

1 Den Blätterteig auswellen
und in kleine Backförmchen
legen.
2 Die Speckwürfelchen mit
den Zwiebeln in Butter gla-
sig dünsten.
3 Rot-Kleeblätter mit dem
Spinat (oder den Wildkräutern) dünsten, würzen und
erkalten lassen.
4 Diese Masse in den Teig
füllen.

5 Eier mit Käse verquirlt
darübergeben.
6 Bei 220 °C 15 min im
Backofen backen.

Roter Wiesensirup

Allein schon das Sammeln
der vielen Blüten macht
Spaß …

Das brauchen Sie:

- Ein ¾-volles Litergefäß
  mit ausgezupften Rot-
  Kleeblüten
- 1 l Wasser
- 3 ungespritzte Zitronen
  und Orangen, in Scheiben
  geschnitten
- 1 kg Zucker

So geht es:

1 Die Rot-Kleeblüten mit
Wasser und den Zitronen-
und Orangenscheiben kurz
aufkochen.
2 Zugedeckt 20 min ziehen
lassen, danach durch ein
sauberes Leinentuch filtern.
3 Mit 1 kg Zucker aufkochen und eindicken lassen.
4 Heiß in saubere Flaschen
füllen.

Roter Wiesenreis.

Rezepte mit Schlüsselblumen

Goldsüßes Carpacchio

Köstlich, einfach und frühlingsfrisch, bieten Sie mit dieser Vorspeise Ihren Gästen etwas Besonderes an.

Das brauchen Sie:
- je 1 Orange und Grapefruit
- 3 EL Balsamico-Essig und 2 EL bestes kaltgepresstes Olivenöl

Ein Carpacchio einmal anders: aus Orangen mit Schlüsselblumen.

- Salz und Pfeffer
- 3 EL Schlüsselblumen-blütchen

So geht es:

1. Orange und Grapefruit sorgfältig schälen und in Scheiben geschnitten auf einem großen Teller anrichten.
2. Balsamico-Essig darüberträufeln und mit Salz und Pfeffer würzen.
3. Zum Schluss mit Olivenöl beträufeln und das Ganze 1–2 Stunden ziehen lassen.
4. Anschließend mit den Schlüsselblumenblütchen überstreut servieren. Reichen Sie Baguette dazu.

Petrus' Blütencreme

Ein feines zartes Dessert, das geradezu himmlisch schmeckt!

Das brauchen Sie:
- ½ l Hafermilch
- 1 Vanilleschote
- 25 g Speisestärke
- 5 EL Schlüsselblumen-blütchen
- 3 EL Akazienblüten-Honig

So geht es:

1. Vanilleschote auskratzen und mit 4 EL Schlüsselblu-

menblüten in der Milch einmal kurz aufköcheln.
2. Abkühlen lassen und die Blüten abgießen.
3. Die Speisestärke mit wenig Milch anrühren, die restliche Milch nochmals erhitzen, die aufgelöste Speisestärke zugeben und einrühren bis es bindet.
4. Erkalten lassen, Honig unterrühren und mit den übrigen Blütchen dekorieren.

Frühlingssalat

Alles ist noch zart im beginnenden Frühjahr, und so mundet auch dieser Salat – nach einem Hauch von Sonnenstrahlen und Sommersehnsucht.

SMART

Frühlingsessig

> **Die Blüten** der Schlüsselblumen können Sie zur (essbaren) Dekoration über Salate und Desserts streuen. Oder Sie bereiten sich einen Schlüsselblumenessig daraus: einfach einen guten Weißweinessig nehmen und die Flasche zu ⅓ mit den Blütchen füllen.

Das brauchen Sie:

- 1 zarter Kopfsalat, gewaschen und gezupft
- 3 EL Mangomark
- 1 TL Feigensenf
- je 2 EL Schlüsselblumen-essig (Frühlingsessig siehe Tippkasten) und Sonnen-blumenöl
- Salz und Pfeffer
- je 2 EL Blüten von Schlüssel-blumen, Veilchen und Gänseblümchen

So geht es:

1 Aus Mangomark, Senf, Essig, Öl, Salz und Pfeffer ein Dressing zubereiten.
2 Die Salatblätter unter-heben und mit den Blüten bestreuen.
3 Servieren Sie den Salat mit gebuttertem Walnussbrot.

Schlüsselblumen-Likör

Genießen Sie diesen Likör einfach so, zur Aufheiterung bei getrübter Stimmung oder auch bei einer Erkältung – natürlich immer nur likör-gläschenweise …

Das brauchen Sie:

- 1 Einmachglas, Fassungs-vermögen 500 ml
- 1 Handvoll frisch gesam-melte Schlüsselblumen-blüten

Kleine Schlüsselblumenblüten im Salat? – Jetzt ist der Frühling da!

- je 250 ml Gin und abge-kochtes Wasser, gemischt
- 1 EL frisch zerdrückte Fenchel- und Anissamen
- Schale einer Bio-Zitrone
- ca. 400 g Zucker

So geht es:

1 Füllen Sie das Glas locker mit den Blüten und gießen die Gin-Wassermi-schung darüber.
2 Fenchel- und Anissamen und die mit dem Zestenrei-ßer abgezogene Zitronen-schale zugeben und gut ver-schlossen zehn Tage lang in die Sonne stellen.

3 Anschließend absieben, die Flüssigkeit mit Zucker versetzen (ca. 1:1) und ste-hen lassen, bis sich der Zu-cker vollständig gelöst hat (zwischendurch öfter schüt-teln). In eine Flasche füllen.

SMART

Die echte Schlüsselblume

> **Sammeln** Sie die Blüten von *Primula veris* in Maßen, denn Schlüsselblumen sind geschützt! Wurzeln und Blätter dürfen nicht gesam-melt werden.

Rezepte mit Thymian

Kartoffelgratin gegen Schüchternheit

Weil Thymian mutig und stark macht und die Schüchternheit vertreibt vermag es dieses leckere Gratin bestimmt auch – probieren Sie es aus.

Das brauchen Sie:

- 1 kg Kartoffeln, in dünne Scheiben geschnitten
- Salz, Pfeffer
- 1 Tasse blühendes Thymiankraut, klein geschnitten
- 150 g geriebener Gouda
- ¼ l Milch
- 1 Becher Sauerrahm oder Joghurt
- 2 Eier, verquirlt
- Butterflöckchen

SMART

Vielseitiger Thymian

- Mit Quendel bzw. Thymian können Sie nahezu alle herzhaften Speisen aromatisieren, besonders Pizza, Nudel-, Kartoffel- oder Reisgerichte, Gegrilltes oder Lammfleisch. Ausgefallen und gut: das Würzkraut zu Desserts mit Banane, Melone oder Sahnequark.

So geht es:

1 Die Kartoffeln in mehreren Lagen in eine gefettete Form schichten, dabei jede Lage mit Salz, Pfeffer, Thymian und Gouda bestreuen.
2 Eine Eiermilch zubereiten aus Milch, Sauerrahm oder Joghurt und Eiern, über die Kartoffelmasse gießen und mit Butterflöckchen belegen.
3 Bei 200 °C etwa 30 min backen.
4 Das schmeckt mit Salat oder Fenchel- und Karottengemüse.

Thymianwein

Einfach zuzubereiten, schmeckt aromatisch und muntert auf.

Das brauchen Sie:

- 30 g Thymiankraut
- 1 l trockener Weißwein

So geht es:

1 Den Thymian 1 Woche lang im Weißwein ziehen lassen und dann abgießen.
2 Fertig ist der wohlschmeckende, würzige Wein, der zugleich als angenehme Medizin hustenlösend und krampflindernd wirkt, auch bei Menstruationsbeschwerden. Bitte nur likörgläschenweise genießen.

Stärkende Thymiansoße

Thymiansoße passt zu gebratenem Fleisch, zu Kartoffel-, Reis- und Nudelgerichten.

Das brauchen Sie:

- 2 EL Sonnenblumenöl
- 3 gehackte Knoblauchzehen
- 2 EL frisches Thymiankraut
- 3 EL Zitronensaft oder Wein
- ⅛ l Sahne

So geht es:

1 Knoblauchzehen und Thymian im Sonnenblumenöl andünsten.
2 Die Salatblätter unterheben und mit den Blüten bestreuen.
3 Mit Zitronensaft oder Wein und der Sahne ablöschen und etwas einköcheln lassen.
4 Nach Geschmack würzen und auf Wunsch durch ein Sieb filtern.

Kartoffelgratin mit würzigem Thymian frisch aus dem Backofen.

Rezepte mit Veilchen

Herzige Veilchentorte

So wie die Torte aussieht, schmeckt sie auch – einfach einmalig!

Das brauchen Sie:
Für die kandierten Veilchen:
- 5 EL Veilchenblüten
- 100 g feiner Zucker
- 1 Eiweiß

Für das Mandelbiskuit:
- 3 Eier
- 2 EL Wasser
- 2 EL Honig
- 200 g gemahlene Mandeln
- ½ l geschlagene Sahne zum Verzieren

So geht es:
1 Das Eiweiß locker mit Wasser verschlagen.
2 Veilchenblüten mit einem Pinsel dünn mit dem Eiweißwasser bestreichen und dann mit Zucker bestreuen.
3 Auf einem mit einer Schicht Zucker bestreuten Pergamentpapier trocknen lassen.
4 Für den Mandelbiskuit die Eier trennen, Eigelb mit Honig und Wasser schaumig rühren, Eiweiß schlagen und die Mandeln unterheben.
5 Den Teig in eine Herzform füllen und bei 180 °C 30 min backen.

SMART

Veilchengelee

> 3 Handvoll Veilchenblüten mit 1 l Apfelsaft aufkochen, mit Gelierzucker nach Packungsanweisung zu Gelee kochen.

6 Nach dem Backen auf Wunsch mit Früchten belegen und mit Sahne verzieren.
7 Mit frischen und den kandierten Veilchenblüten dekorieren.

Veilchensaft

Ein zartblauer Saft mit wunderbarem Aroma – himmlisch! Er ist, zum Sirup eingedickt, auch ein guter Hustensaft.

Das brauchen Sie:
- 100 g frische Veilchenblüten
- ½ l Wasser
- Saft einer Zitrone
- 500 g Zucker

So geht es:
1 Die frischen Veilchenblüten in einem Porzellangefäß mit dem kochenden Wasser überbrühen und über Nacht ziehen lassen.

Einfach herzig, diese Torte!

Veilchencreme, eine zarte Köstlichkeit aus der Frühlingsküche.

2 Am nächsten Tag mit Zitronensaft und Zucker erhitzen, aber nicht kochen. Immer wieder abschäumen. **3** Anschließend den Saft in kleine vorgewärmte Flaschen füllen und sofort verschließen.

Veilchencreme

Diese Creme ist eine kleine (Kalorien-)Sünde wert, denn sie zergeht auf der Zunge wie zarter Schmelz!

Das brauchen Sie:

- 2 Tassen voll Blüten des Duft-Veilchens
- 150 g Apfeldicksaft
- 1 Päckchen Gelatine
- 1 l steif geschlagene Sahne
- 2 EL frische, gezuckerte oder kandierte Veilchen zum Verzieren

So geht es:

1 Die Veilchenblüten in eine Schüssel geben, den Apfeldicksaft erwärmen, darübergießen und die Masse zugedeckt erkalten lassen. **2** Die Gelatine anrühren, unter die erkaltete Veilchenmasse geben und durch ein Leinentuch passieren.

SMART

Veilchenbowle

- 1–2 Tassen Veilchenblüten mit einer Flasche Gewürztraminer (oder Apfelsaft) übergießen, Saft von 2 Orangen zugeben, nach 3 Stunden abseihen. Mit kühlem Sekt aufgießen.

3 Rühren, bis die Masse zu stocken beginnt, und mit der Schlagsahne vermengen. **4** Im Kühlschrank erstarren lassen, vor dem Servieren stürzen und mit Veilchen verzieren.

Rezepte mit Wiesen-Schaumkraut

Blumenquark

Wiesen-Schaumkraut mit Quark ist eine traditionelle Speise. Dafür sprechen auch Namen wie Quark-, Käs- oder Molkeblume, wie sie in Schlesien, Thüringen oder Bayern für Wiesen-Schaum- kraut geläufig sind.

Das brauchen Sie:

› 1 Handvoll Blüten des Wiesen-Schaumkrauts (die oberen 2 cm nehmen), fein gehackt
› eine kleine Zwiebel, fein gehackt

› 250 g Quark
› wenig Milch
› Salz und Pfeffer
› 50 ml Schlagsahne

So geht es:

1 Wiesen-Schaumkraut, Zwiebeln und Milch in den Quark rühren.
2 Abschmecken mit Pfeffer und Salz und die geschla- gene Sahne unterheben.
3 Mit Pellkartoffeln oder zu Butterbrot servieren.
4 Tipp: Mit mehr Milch angerührt, ergibt das eine feine Soße zu Gemüse- oder Fleischgerichten.

Heiß und knusprig – richtig lecker

› **Wiesen-Schaumkraut** passt auch gut zu Ome- letts, in Crepes oder im Teigmantel gebacken. Wichtig ist dabei stets, das feinscharfe Kreuz- blütengewächs nur ganz kurz auszubacken, damit Geschmack und Heilkraft nicht verloren gehen.

Kuckucksklöße

Ein altbekanntes Gericht aus Schlesien.

Das brauchen Sie:

› 1 große Handvoll blühende Triebe des Wiesen-Schaum- krauts, fein gehackt
› 500 g gekochte mehlige Kartoffeln
› 1–2 Eier
› etwas Mehl
› Salz, Pfeffer, Muskat

So geht es:

1 Gekochte Kartoffeln mit einem Ei pürieren.
2 Reichlich Wiesen-Schaum- kraut zugeben und so viel Mehl, dass Sie daraus feste Klöße formen können.

Wiesen-Schaumkraut wird auch „Quarkblume" genannt.

3 In Salzwasser 5 min gar kochen.

4 Mit einem Quarksößchen (siehe vorheriges Rezept) und einem knackigen Wildkräutersalat serviert, ergibt das eine vollwertige, köstliche Frühlingsmahlzeit!

Frühlingscocktail

Süß und antialkoholisch, mit einem einmalig zarten, meerrettich-kresseartigen Geschmack – auch Kinder mögen diesen Cocktail, in dem die ganze Wiesenpower steckt, ausgesprochen gern.

Das brauchen Sie:

- 1 Handvoll Frühlingskräuter (mindestens ⅓ davon Wiesen-Schaumkraut, dazu Gänseblümchen, Löwenzahn, Spitz-Wegerich, Schafgarbe, Sauerampfer, Vogelmiere usw.), klein geschnitten
- 1 entkerter, grob geschnittener Apfel mit Schale
- Saft einer Orange und einer halben Zitrone
- 2 EL Honig
- ¼–½ l Sauer- oder Buttermilch, Joghurt oder Kefir

So geht es:

1 Kräuter, Apfel, Orangen- und Zitronensaft sowie Honig im Mixer pürieren.

Kuckucksklöße: delikate Schärfe in milden Klößen.

2 Mit Sauer- oder Buttermilch auffüllen und abschmecken.

3 In einem schönen Glas servieren, garniert mit Wiesen-Schaumkraut- und Gänseblümchenblüten – zum Wohl!

Wiesen-Ayran

Das brauchen Sie:

- 750 ml Joghurt
- einige zerstoßene Eiswürfel
- ⅓ Tasse Mineralwasser
- 75 g Wiesen-Schaumkraut, fein gewiegt
- 75 g fein gewiegte Frühlingswiesenkräuter (Giersch, Löwenzahn, Spitz-Wegerich, Sauerampfer, Schafgarbe, Vogelmiere)
- Saft einer halben Zitrone
- Salz

So geht es:

1 Joghurt mit Eiswürfeln, Zitrone, Salz und Mineralwasser schaumig mixen.

2 4 Gläser zur Hälfte füllen.

3 Die Kräuter mit dem restlichen Getränk mixen und die Gläser damit auffüllen.

4 Mit Wiesen-Schaumkraut-Blüten verziert servieren.

Wiesen-Schaumkraut

Blaublütige Appetitmacher

B lau, blau, blau blüht ..." nicht nur der Enzian, auch Kräuterblüten wie Rosmarin, Salbei und Ysop oder Wegwarten- und Borretschblüten strahlen diese beruhigende Farbe aus – alle sind sie essbar und erfreuen das Auge.

Rosmarin-Focaccia

Das brauchen Sie:

- 200 g Weizenmehl
- 2 TL Salz
- 35 g Bierhefe
- 125 ml lauwarmes Wasser
- 4 EL Olivenöl
- 1 Handvoll klein gehackte Rosmarinblätter
- 3 EL frische Rosmarinblüten

So geht es:

1 Mehl, Salz, Rosmarinblätter und Hefe mischen.
2 Wasser und 2 EL Olivenöl hinzufügen und zu einem Teig kneten.
3 Den Teig auf einer leicht bemehlten Fläche 15 min weiterkneten.
4 Ein Pizzablech mit Öl bestreichen, den Teig auf das Blech drücken und abgedeckt an einem warmen Ort 1 Stunde gehen lassen.
5 Kleine Löcher in den Teig drücken, das restliche Öl darübergeben und mit Salz bestreuen.
6 20–25 min backen bei 200 °C, Umluft 180 °C.
7 Mit frischen Blüten bestreut servieren.

◄ **Vitalisierende Salbeiblüten** Früher war es Tradition, Salbeiblüten in Wein auszuziehen um Erschöpfungen vorzubeugen. Da der Salbei stets überreichlich und mit großen Blüten blüht, können Sie das ganz einfach nachmachen: 2 Handvoll Salbeiblüten 2 Wochen lang in 500 ml Südwein (Portwein, Sherry) einlegen, danach abfiltern und 2 Wochen nachreifen lassen. Genießen Sie abends ein kleines Gläschen, wenn Sie sich müde und ausgelaugt fühlen.

▸ Wegwarte Sie ist zäh, ausdauernd und eher unauffällig, wie sie da als verzauberte Prinzessin am Wegesrand auf ihren Prinzen wartet. Was an ihr so bezaubert, sind ihre himmelblauen Blüten-Augen, mit denen sie jeden Tag von Osten nach Westen vergeblich nach ihrem Prinzen Ausschau hält. Die Blüten halten nur einen kurzen Tag lang, aber dafür zeigen sich Tag für Tag neue hoffnungsvolle Augen-Blicke. Diese Blüten sollten Sie am besten frisch verwenden, bevor sie ihre himmelblaue Strahlkraft verlieren.

◂ Rosmarin … himmlisch in einer Focaccia.
Aber wussten Sie, dass die Rosmarinblüten der Sage nach früher weiß gewesen waren? Erst nachdem sich vor 2000 Jahren die Jungfrau Maria auf der Flucht vor dem König Herodes hinter einem Rosmarinbusch versteckt und dabei ihren blauen Mantel als Sichtschutz über den Strauch geworfen hatte, wollte der Rosmarin die Farbe des Marienmantels auf immer und ewig bewahren. Seitdem sind Rosmarinblüten blau …

Spezial

Blüten im Porträt

SPEZIAL

Gänseblümchen

▸ **Warum heißt es so?** Das Gänseblümchen heißt so, weil es auf Gänseweiden besonders gut gedeiht. Wo Gänse die Blütchen als Leckerbissen verzehren, halten sie die Wiese kurz und regen dadurch das „lichthungrige" Gänseblümchen an, immer neue Blüten anzusetzen und dicht an dicht ganze Blütenteppiche zu bilden. *Bellis perennis* leitet sich ab vom lateinischen „bellus": schön, hübsch, niedlich, und so sieht es ja wirklich aus. „Perennis" bedeutet „ausdauernd",

weil es das ganze Jahr über blüht. Der schöne Beiname Maßliebchen stammt vom germanischen „mas": Wiese und „lief": Blatt.

▸ **Wo wächst es?** Das Gänseblümchen findet man zu jeder Jahreszeit überall auf Wiesen, an Wegrändern und in Vorgärten. Je kürzer das Gras ist, desto bessere Chancen hat das Maßliebchen.

▸ **Wie sieht es aus?** Die Blattrosette hält spatelförmig-ovale Blätter bereit, die ebenso essbar sind wie die süßlichen-nussigen Blüten-

köpfchen; diese stehen auf einem stabilen Stängel und zeigen sich tagsüber als gelber Blütenboden, umgeben von weißen Blütenstrahlen.

▸ **Wann blüht es / was sammle ich?** Das Gänseblümchen blüht fast das ganze Jahr über, auch im Winter, wenn es nicht gerade von Schnee bedeckt ist. Die meisten Blüten findet man April bis August.

▸ **Warum ist es gesund?** Gänseblümchen im Salat sind vitamin- und mineralreich. Ein Tee aus Blüten und Blättern lindert verschleimten Husten und ekzemartige Hauterkrankungen. Schmerz und Juckreiz bei Insektenstichen vertreibt ein frisch zerriebenes Blatt.

SMART

Glücksbringer

› **Gänseblümchenblüten** sollen Glück bringen „bey allem Thun und allen Wercken „, vor allem wenn sie am Johannistag zwischen 12 und 13 Uhr, zur Zeit des höchsten Sonnenstands, gepflückt werden.

Gänseblümchen haben einen nussig-milden Geschmack.

Gundermann

▸ **Warum heißt er so?** Der Gundermann (*Glechoma hederacea*) ist eine starke Persönlichkeit; er gehörte früher zu den germanischen „Gundkräutern" und galt als „Herr des Eiters". Erdefeu wird die Pflanze auch genannt, weil sie wie Efeu (Hedera helix) auf der Erde kriecht. Dem trägt der botanische Artname „hederacea": efeuähnlich Rechnung.

▸ **Wo wächst er?** Gundermann kriecht entweder als guter Bodendecker über den Boden oder er rankt mit seinen Trieben an Zäunen, Waldrändern oder im Garten entlang.

▸ **Wie sieht er aus?** Herzförmig gekerbt sind die Blätter des grünen Bodendeckers – wer darüberläuft, dem strömt das unglaublich in-

Hauchfeiner Duft und kräftig im Geschmack: der Gundermann.

tensive Aroma entgegen: Gundermann ist ein „Nasenerlebnis". Zur Blütezeit buhlen die violetten Lippenblüten in den oberen Blattachseln um Aufmerksamkeit und recken sich auf ihren blütenbesetzten Trieben in die Höhe.

▸ **Wann blüht er / was sammle ich?** Sammelzeit ist von März bis Juni hinein, dann blühen die oberen Triebe und bereichern mit hübschen, zartblau leuchtenden Lippenblütchen jede Maibowle, Salate oder kalte Platten. Die Blüten üppig verwenden, mit den Blättchen wegen

des intensiven Geschmacks dagegen sehr sparsam umgehen! Nur einmal kann man auch die Blätter verschwenderisch genießen: mit geschmolzener Schokoladenkuvertüre bestrichen als „Wiesen-After-Eight" (Rezept Seite 18).

▸ **Warum ist er gesund?** Erdefeu strotzt mit seinen ätherischen Ölen, Gerb- und Bitterstoffen und Vitamin C vor aromatischer Würz- und Heilkraft, besonders als keimwidriges, entzündungshemmendes Mittel bei Krankheiten der Atemwege und zur Wundheilung. ●

SMART

Kranzlkraut

› **Die langen Ranken** des Gundermann eignen sich gut zum Winden von Kränzen. Wer solch einen Kranz zu Walpurgis trägt, soll die Hexen erkennen können – so hieß es zumindest in früheren Zeiten ...

Huflattich

▸ **Warum heißt er so?**
Der lateinische Name *Tussilago farfara* verweist deutlich auf die Verwendung als Hustenvertreiber: „tussis":

Der Huflattich **ist ein bewährtes Hustenmittel.**

SMART

Im Volksmund

❭ **Weil sich die Blüte** auf ihrem schuppigen Stängel vorwitzig und sehnsuchtsvoll sechs Wochen vor den Blättern einstellt, wird die Pflanze auch „Filius ante patrem": „der Sohn vor dem Vater" genannt.

---

der Husten, „agere": vertreiben. „Farfara", von lateinisch „far": Mehl, bezieht sich auf die weich-filzigen, im Jugendstadium oberseits wie bemehlt aussehenden Blätter.

▸ **Wo wächst er?** Huflattich bevorzugt lehmigen oder sandigen Boden, steinige Böschungen, Kiesgruben oder Schuttplätze. Oft schauen die kleinen gelben Blütensonnen aus letzten Schneeresten hervor und verkünden den Frühling.

▸ **Wie sieht er aus?** Auf grob geschuppten, 10 cm langen Stängeln drängeln sich die wunderbar nach Honig duftenden Blüten der ersten Frühlingssonne entgegen. Wenn sich später die Blätter zeigen, sind diese zu Beginn beidseits weißwollig-filzig behaart mit einer mehligweißen dünnen Schutzhaut, die sich bei ausgewachsenen Blättern auf der Blattoberseite mit der Zeit vollständig zurückbildet und eine Oberfläche hinterlässt, die sich so weich und angenehm anfühlt wie Nappaleder.

▸ **Wann blüht er / was sammle ich?** Die Blüten im frühen März/April, dann duften sie betörend nach Honig. Die hufeisenförmigen Blätter Ende April bis Mai.

▸ **Warum ist er gesund?** Die Blätter gehören zu den besten Hustenmitteln überhaupt. Allerdings dürfen sie innerlich maximal zweimal 3 Wochen pro Jahr verwendet werden. Doch ab und zu ein feines Gericht aus Blüten und Blättern bekommen der Gesundheit bestens. Ein Gesichtsdampfbad aus Huflattichblättertee strafft und klärt die Haut und wirkt entzündungshemmend.

Kapuzinerkresse

▸ **Warum heißt sie so?** Als holländische Seefahrer im 16. Jahrhundert diese blutrote Blume aus Peru (bot.: *Tropaeolum majus*) nach Europa brachten, wurde sie zuerst in Klostergärten gezogen. Von dort hat sie wohl ihren deutschen Namen bekommen: Kresse der Kapuzinermönche. Der eigenartige Sporn der Blüte erinnert tatsächlich an eine Mönchskapuze.

▸ **Wo wächst sie?** Kapuzinerkresse gedeiht an sonnigen bis halbschattigen Stellen, wo der Boden feucht und humos ist. Die Blätter können sich mithilfe ihrer lang windenden Stängel an Zäunen und Balkonen hochranken und verzaubern mit ihrem attraktiven buntgrünen Blumengewirr auch regenreiche Sommer.

▸ **Wie sieht sie aus?** Ein Feuerwerk aus leuchtenden Blüten in flammenden Farben: Gelb, Rot oder Orange. Mit auffällig zugespitztem Sporn steigen sie aus einer Wildnis dunkelgrüner, kreisrundschirmartiger Blätter auf. Sie fungieren als Bodendecker und halten die Bodenfeuchtigkeit zurück.

Feurig bunte Kapuzinerkresse.

▸ **Wann blüht sie / was sammle ich?** Alle oberirdischen Teile kann man die ganze Wachstumsperiode über ernten. Die Stängel wie Schnittlauch

SMART

Blätter mit Lotus-Effekt

› **Kapuzinerkresseblätter** sind etwas Besonderes: Unter dem Mikroskop betrachtet, haben sie eine raue Oberfläche, die bedeckt ist mit feinsten Noppen aus kristallähnlichem Wachs, an dem kein Schmutz haftet.

verwenden, die klein geschnittenen Blätter zum Würzen für milde Gerichte und die hübschen Blüten und Knospen als essbare Zierde. Beim Trocknen verliert Kapuzinerkresse ihre Heil- und Würzkraft; sie lässt sich aber gut konservieren: in Essig oder als Kräuterbutter.

▸ **Warum ist sie gesund?** Kapuzinerkresse ist mit ihren Senfölen ein pflanzlicher „Penicillinersatz" mit Breitbandwirkung bei Bronchitis und Blasenentzündung, der das Wachstum von Bakterien und Viren hemmt und die Abwehrkräfte stärkt. ●

Lavendel

▸ **Warum heißt er so?**
Lavendel, *Lavandula angustifolia*, kommt von „lavare": baden, waschen. Hier ist der Name Programm: Lavendel ist ein uraltes „Badekraut", das Körper, Seele und Sinne reinigt und entspannt. Schon die Römer badeten am liebsten in Lavendel und wuschen ihre Kleider in Lavendelabsud.

▸ **Wo wächst er?** Lavendel gedeiht als mediterrane Bergpflanze bevorzugt im westlichen Mittelmeerraum. Dort entfaltet er sein heilkräftiges Aroma am besten in sengender Hitze. Lavendelsträucher wachsen aber auch in heimischen Gärten und verzaubern Auge und Nase mit Farbe und Duft.

▸ **Wie sieht er aus?** Der buschige Halbstrauch trägt an aufrechten, fast steifen Stängeln graugrün-filzige schmale Blätter. Die blau-violetten Blütchen sind am Ende der Stiele als Scheinährchen angeordnet und verströmen ihren zauberhaften Duft. Sie sind heilkräftig und essbar.

▸ **Wann blüht er / was sammle ich?** Lavendel wird geerntet, wenn die Blütchen voll entfaltet sind, dann haben die Aromastoffe ihr Wirkungsoptimum. Sind die Blüten der getrockneten Lavendelsträuße für Genuss oder Medizin abgerebelt, kann man die vierkantigen Stängel als duftende Feueranzünder verwenden.

▸ **Warum ist er gesund?** Lavendelblüten wirken mit ihren reichhaltigen ätherischen Ölen heilsam, sie beruhigen und entspannen, lindern Verdauungsbeschwerden und eignen sich gut zur Inhalation bei Erkältungen. Unruhigen Säuglingen hängt man seit alters her Lavendelsträußchen über die Wiege.

SMART

Gegen böse Geister

❭ **Im Mittelalter,** der Zeit der großen Seuchen, streuten die Menschen Lavendel, Thymian und Rosmarin auf Fußböden als aromatische Teppiche gegen üble Gerüche und Dämonen. Gegen „Dämonen" im Kleiderschrank, die Motten, nutzt man das heute noch in Form von Lavendelkissen.

Beruhigendes Lavendelblau für Auge und Nase.

Löwenzahn

▸ **Warum heißt er so?**
Er nennt sich so, weil seine
Blätter Löwenzähnen ähneln
sollen – aber wer überprüft
das? Sein Gattungsname
Taraxacum leitet sich entweder aus dem Griechischen ab
und bedeutet „Störung" oder
„Heilmittel" oder vom Arabi-
schen „tarak" und „sahha":
„Wasser lassen" oder „talkh
chakok": „bittere Wurzel".
Alle Bezeichnungen haben
mit der großen Heilkraft der
Pflanze zu tun.

▸ **Wo wächst er?** Löwenzahn
ist auf allen Kontinenten
der gemäßigten Klimazone
beheimatet und gedeiht
besonders gut auf stickstoff-
haltigen Wiesen – er ist ein
Stickstoffzeiger.

▸ **Wie sieht er aus?** Aus einer
kräftigen Pfahlwurzel treiben die „gezähnten" Blät-
ter rosettenartig aus. Dann
ducken sich darin noch die
kleinen Knöspchen, bis sie
in die Höhe streben und im
April der milchsafthaltige
hohle Stängel die goldgel-
ben Blütenkörbchen der
Sonne präsentiert. Scheint
sie nicht, schließen sich die
Blüten!

▸ **Wann blüht er / was sammle
ich?** Im April die Knospen als

Löwenzahn ist gesund, deshalb öfter mal ein Blättchen in den Salat!

essbare Gemüsebeilage, die
Blütenblätter, aus dem bitteren Kelch ausgezupft, als

SMART

**Aus den Stängeln des
Löwenzahns …**

❭ **… basteln Kinder** Pfeif-
chen oder Blütengirlan-
den. In Wasser gelegt
kringeln sie sich zu
schmückenden Ohrgehän-
gen. Das wusste schon
Goethe, der am Beispiel
des Löwenzahns die
„Spiraltendenz der Vege-
tation" nachwies.

leckersüße Dekoration über
Salate, Suppen, Brote, Süßspeisen oder für Sirup, Likör,
Gelee oder Wein. Die Blätter
von April bis September für
Salate, Gemüse oder Tee.
Die bitterstoffreiche Wurzel
im Frühjahr, oder im Herbst,
wenn sie viel Inulin enthält,
als „Diabetikergemüse".

▸ **Warum ist er gesund?**
Löwenzahn unterstützt
die Leberfunktion, lässt die
Galle besser fließen und
regt die Verdauung an;
zudem lindert er rheuma-
tische Beschwerden und
Hautleiden. ●

Dost, Wilder Majoran

▸ **Warum heißt er so?**
Der bei uns heimische Dost, der sogenannte Wilde Majoran (*Origanum vulgare*), leitet sich ab von althochdeutsch „dosto, toste": buschartig wachsende Pflanze. Der echte Majoran, *Origanum majorana*, bekam von den Ägyptern den Namen „marjamie" (unvergleichlich) verliehen. In der römischen Literatur geht Majoran auf die volksetymologische Ableitung „amaracum" zurück, von „amor": Liebe und kennzeichnet den guten Ruf des Majorans als Liebesmittel.

▸ **Wo wächst er?** Dost gedeiht an sonnigen Hängen oder auch im heimischen Garten als pflegeleichte Staude. Der echte Majoran ist nicht winterhart, er muss Jahr für Jahr in den Garten gesetzt werden in leichten, nährstoffreichen Boden, windgeschützt und sonnig.

▸ **Wie sieht er aus?** Die Pflanze wird bis 50 cm hoch. Ihre vierkantigen Stängel tragen viele duftende, bis 4 cm große, dunkelgrüne Blätter und ab Juni eine Fülle an hellrosa-lilafarbenen Blütchen, immer umgaukelt von Schmetter-

lingen. Der Echte Majoran trägt kleine flaumige hocharomatische Blättchen und winzige weißlich rosa Blütchen, gut versteckt in den kugeligen Hochblättern.

▸ **Wann blüht er / was sammle ich?** Direkt vor und während der Blüte Ende Juni bis August die blühenden Triebe knapp über dem Boden abschneiden (die Pflanze treibt erneut aus). Zum kulinarischen Genuss sogleich verwenden oder zum Trocknen ausbreiten.

▸ **Warum ist er gesund?** Mit seinen duftenden ätherischen Ölen wirkt er krampflösend, nervenstärkend, verdauungs- und kreislaufanregend und lindert Husten sowie Verdauungsstörungen.

Würzig und von Schmetterlingen umschwärmt: Dost.

Pfefferminze

▸ **Warum heißt sie so?** Unter den vielen verschiedenen Minzearten entdeckte Ende des 17. Jahrhunderts ein englischer Biologe einen „natürlichen Dreifach-Bastard", eine spontane Kreuzung aus drei verschiedenen Minzen-Arten. Wegen seines scharfen Geschmacks nannte er ihn „Peppermint" – das war die Geburtsstunde der Pfefferminze.

▸ **Wo wächst sie?** Die Pfefferminze liebt es warm und sonnig bis halbschattig. Der Boden darf nicht trocken sein, aber ansonsten gedeiht sie ohne Zutun, ja sie wuchert und breitet sich in alle Richtungen aus.

▸ **Wie sieht sie aus?** Der vierkantige Stängel ist im oberen Teil verzweigt und trägt die tiefgrünen, sich von oben betrachtet kreuzartig abwechselnden, gegenständigen Blätter, die beim Zerreiben so charakteristisch nach Menthol duften. An den meist rötlich überlaufenen Sprossen sitzen die kleinen lilarosa Blütchen in endständigen Scheinähren.

▸ **Wann blüht sie / was sammle ich?** Für die Küche können Sie Blüten, junge Blätter und Triebspitzen laufend ernten. Für die medizinische Verwendung erntet man das Kraut zur Mittagszeit bei Sonnenschein handbreit über dem Boden ab, wenn sich die ersten Blütenknospen zeigen; dann ist der Anteil an ätherischen Ölen in den Blättern am höchsten. Die Blätter vom Stängel abzupfen, rasch

Die Pfefferminze mit ihrem unverkennbaren, erfrischenden Aroma.

trocknen und aromageschützt als ganze Blätter aufbewahren.

▸ **Warum ist sie gesund?** Pfefferminztee lindert Übelkeit und Brechreiz, Magenkrämpfe, Verdauungsstörungen sowie Kopfweh. Bei Insektenstichen den Saft eines frischen Pfefferminzenblatts auftragen, das lindert durch seine örtlich betäubende Wirkung fast augenblicklich den Schmerz. ●

Pfefferminze

SMART

Ein Ausflug in die griechische Mythologie

› **Pluto, der Herrscher der Unterwelt,** liebte die hübsche Nymphe Minthe. Als seine Frau Persephone diese heimliche Liebe entdeckte und wütend auf Rache sann, rettete Pluto die Nymphe und verwandelte sie in ein aromatisches Kraut. Persephone aber zerriss das Pflänzchen in wahnsinniger Eifersucht in abertausend Stücke – so entstanden die vielen verschiedenen Minzen.

Ringelblume

▸ **Warum heißt sie so?** Ringelblumensamen ringeln sich – davon leitet sich ihr deutscher Name ab. Stete Ernte dankt sie mit üppiger Blütenfülle, Monat für Monat. Daher ihr lateinischer Gattungsname „Calendula": die Erste des Monats. Weil die gelb oder orangerot leuchtenden Blütenblätter früher als Safranersatz dienten und Butter, Reis, Käse, Suppen und andere Speisen färbten, nannte man sie auch „Safranrose".

▸ **Wo wächst sie?** Ursprünglich aus Nordwestafrika, machte sie sich in alle Richtungen auf Weltreise: zu den Kanaren, nach Indien, Japan, Australien und Finnland. Heute ist sie eine der bekanntesten Garten- und Kulturpflanzen; sie liebt die Wärme und ist wenig kälteempfindlich, absolut pflegeleicht und eine Zierde für jeden Garten.

▸ **Wie sieht sie aus?** Eine 50 cm hohe Pflanze mit krautigem Stängel und spatelförmigen, angenehm zitronig-würzigen Blättern. Jede Pflanze kann in einer Vegetationsperiode bis zu 50 gelbe oder orangerote Korbblüten entwickeln.

▸ **Wann blüht sie / was sammle ich?** Von Mai bis Oktober blüht die Pflanze. An sonnigen Tagen zwischen 11 und 12 Uhr erntet man die voll erblühten Blütenköpfchen und zupft für die Wildkräuterküche die zarten Blütenblätter aus. Für die medizinische Anwendung

Die Ringelblume ist wohlschmeckend und eine bekannte Wundheilpflanze.

SMART

Jung und schön

❯ **Ihrer enormen Wuchs- und Regenerationskraft** wegen galt die Ringelblume bei den Ägyptern als Verjüngungsmittel und Liebespflanze: So wie sie stets grünt und neue Blüten treibt, soll auch die Liebe unter den Menschen immer neue Blüten treiben.

trocknet man die Blütenblätter, bereitet Salbe daraus oder setzt ein Öl an.

▸ **Warum ist sie gesund?** Die Ringelblume lässt Wunden schnell und komplikationslos abheilen und gehört daher zu den bekanntesten Wundheilpflanzen, die in keinem Haushalt fehlen sollten. Sie wird bestens vertragen und eignet sich gut für trockene, überempfindliche Haut. Sie macht sie weich, elastisch und widerstandsfähig und unterstützt die Narbenabheilung. Sie ist für sensible Baby- und Altershaut gleichermaßen geeignet. Ringelblumenblütentee verleiht als Haarspülung blondem Haar einen goldenen Schimmer.

Rot-Klee

▸ **Warum heißt er so?** Dass Rot-Klee rot blüht, verrät uns sein deutscher Name. Der botanische Name *Trifolium pratense* verweist darauf, dass er auf der Wiese wächst (*pratense*) und dreiblättig ist (*Trifolium*). Besitzt ein Kleeblatt vier Teilblättchen, gilt es als Glücksbringer.

▸ **Wo wächst er?** Rot-Klee ist cinc ausdaucrndc Pflanzc mit einer kräftigen, tiefgehenden Pfahlwurzel und liebt stickstoffhaltige Böden; damit gilt er als Zeigerpflanze für nährstoffreiche Böden. Häufig wird Rot-Klee als nährendes Viehfutter angebaut.

▸ **Wie sieht er aus?** Rot-Klee gehört zur Familie der

Unbekannte Wiesensüße: der Rot-Klee.

Schmetterlingsblütler. Im oberen Bereich trägt die Pflanze kurz gestielte Blätter, aus drei ganzrandigen Teilblättchen bestehend, die mehr oder weniger deutlich mit einem weißlichen „V" gekennzeichnet sind.

▸ **Wann blüht er / was sammle ich?** Die Blätter sammelt man, solange sie jung und zart sind, also etwa bis Juni. Die Blüten, wenn sie voll erblüht sind, von Mai bis Juli. Die einzelnen Blütchen haben wir als Kinder ausgezupft und den köstlich süßen Nektar frischweg von der Wiese ausgesaugt oder aufs Butterbrot, auf Salate oder Nachspeisen gestreut.

▸ **Warum ist er gesund?** Rot-Klee wird in der Volksmedizin innerlich bei Verdauungsbeschwerden und Erkältungen eingesetzt, äußerlich zur Linderung von Hautkrankheiten. Heute werden die Blüten hauptsächlich als leckerer Haustee oder in Hustenteemischungen verwendet. Neuerdings wird Rot-Klee aufgrund seiner östrogenartigen Wirkung in der Frauennaturheilkunde genutzt. ●

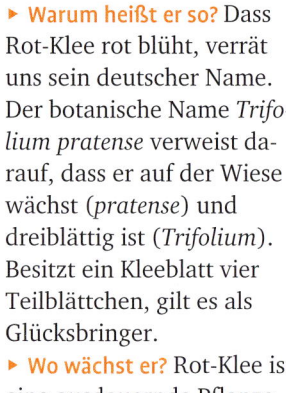

SMART

Das vierblättrige Kleeblatt

› **Es soll Glück** in der Liebe bringen und wurde früher als Zaubermittel bei Fruchtbarkeitsriten verwendet. Wer solch ein Kleeblatt am „Busen der Natur" trägt, soll hellsichtig werden und „die guten Feen" erkennen.

Schlüsselblume

▶ **Warum heißt sie so?** Auf die Erde gekommen sei dieser Blumenschlüssel, weil der himmlische Petrus eines Tages seinen Schlüsselbund fallen ließ. Als die Engel auf der Erde danach suchten, fanden sie gelb leuchtende Schlüsselblumen. Kein Wunder also, dass man die Pflanze auch Himmels-schlüssel oder Peters Schlüssel nennt. Wie der botanische Name *Primula veris*, der „kleine Erstling des Frühlings", erahnen lässt, verkündet sie den Frühlingsbeginn.

▶ **Wo wächst sie?** Die heilkräftige Echte Schlüsselblume wächst bevorzugt auf Halbtrockenrasen, an Böschungen und Wegrändern.

▶ **Wie sieht sie aus?** Aus einem Rosettenkreis runzeliger Blätter treibt der Blütenstängel und trägt an seinem Ende goldleuchtende Blüten, die am Grunde fünf goldrote Schlundtupfen besitzen und angenehm honigartig duften. Die Blüten sind von einem aufgeblasenen grünlichen Kelch mit spitzen Zähnchen luftig umhüllt.

▶ **Wann blüht sie / was sammle ich?** Meist beginnt der „kleine Erstling des Frühlings" im März zu blühen. Schlüsselblumen stehen unter Naturschutz, d.h. ihre besonders heilkräftigen Wurzeln dürfen in der freien Natur nicht ausgegraben werden; man kauft Schlüsselblumenwurzeln in der Apotheke. Auch die Blätter dürfen in der Natur nicht gepflückt werden. Einige Blüten aber dürfen Sie auf der Wiese sammeln. Achten Sie darauf, dass an jedem Blütenstängel zwei bis drei Blüten zur Versamung stehen bleiben, so ist ihr Bestand nicht gefährdet. Oder pflanzen Sie gekaufte Primula veris und sammeln Sie sie im Garten.

▶ **Warum ist sie gesund?** Mit ihren schleimlösenden Seifenstoffen und fein duftenden ätherischen Ölen sind Schlüsselblumen ein bewährtes und beliebtes Mittel, um verschleimten Husten zu lösen.

Die Schlüsselblume heißt auch der „kleine Erstling des Frühlings".

SMART

Gute Besserung!

> **Der Apotheker Tabernaemontanus** berichtete im 16. Jahrhundert, die Schlüsselblume helfe „gegen Blödhaupt und Gehirnverschleimung". Wer erlebt hat, wie sich eine Nasennebenhöhlenentzündung mit dumpfem Kopfdruck anfühlt, kann diese Worte gut nachvollziehen.

Thymian

▸ **Warum heißt er so?** „Thymian" kommt vom griechischen „Thymos" (Mut, Kraft, Stärke) und gilt als „Männerkraut", das Tapferkeit verleihen und die Schüchternheit nehmen soll. Bevor die römischen Soldaten in den Krieg zogen, badeten sie deshalb in Thymian.

▸ **Wo wächst er?** Der kleine, intensiv aromatisch duftende Zwergstrauch *Thymus officinalis* stammt aus Mittel- und Südeuropa und aus Nordafrika. Man kann ihn in unseren Gärten anpflanzen, er ist allerdings frostempfindlich. Bei uns heimisch ist dagegen der Quendel (*Thymus vulgaris*), milder in Aroma und Heilkraft, aber genauso zu verwenden.

▸ **Wie sieht er aus?** Die kleinen Blättchen sind dunkelgrün und bei *Thymus vulgaris* filzig behaart. Die lila-rosa Lippenblütchen sind kurz gestielt und bilden einen ährigen Blütenstand, der von Weitem leuchtet und mit seinem aromatischen Duft eine begehrte Bienenweide ist.

▸ **Wann blüht er / was sammle ich?** Die Blüten entfalten sich von Mai bis September.

Kräftiger Muntermacher: der aromatische Thymian.

Geerntet wird das blühende Kraut beim höchsten Sonnenstand. Anschließend Blütchen und Blätter abrebeln und frisch verwenden oder zum Trocknen auslegen; durch das Trocknen erhöht sich die Würzkraft!

▸ **Warum ist er gesund?** Thymian gehört zu den wichtigsten Mitteln gegen Husten, weil er krampflindernd und keimwidrig wirkt und auch abwehrstärkend. „Die nächste Grippe kommt bestimmt, doch nicht zu dem, der Thymian nimmt". Mit seinen krampflösenden Eigenschaften kann man ihn auch bei Magen- und Menstruationskrämpfen einsetzen sowie als wohlschmeckende Verdauungshilfe. ●

SMART

Thymian im Wein

› **Der Arzt Tabernaemontanus** schrieb dem Thymianwein (Rezept Seite 38) im 16. Jahrhundert eine „treffliche Art, alle innerlichen Glieder zu erwärmen und zu stärken" zu und er empfahl ihn „allen ohnmächtigen, schwachen und traurigen Menschen".

Thymian

Veilchen

▸ **Warum heißt es so?** Das Duft-Veilchen (*Viola odorata*) soll seinen Namen von der Nymphe Viola erhalten haben. Das lateinische „*odorata*" heißt wohlriechend – und das ist das Duft-Veilchen in der Tat!

▸ **Wo wächst es?** In lichten Laubwäldern, an schattigen Hängen und in feuchten Tälern – und auch im eigenen Garten, wenn die Pflanzen im Halbschatten lichter Sträucher gedeihen dürfen.

▸ **Wie sieht es aus?** Irgendwann im März ist es so weit: Die Veilchen blühen; deshalb heißen sie auch Märzveilchen. Blauduftende Blütchen erheben sich dann nickend auf dünnem Stängel über ihren herzförmigen Blättern. Das Veilchen gehört wirklich zu den entzückendsten Frühlingsboten, es ist, wie schon Goethe wusste, „ein herzig Veilchen"!

▸ **Wann blüht es / was sammle ich?** Erntezeit für die Blüten von *Viola odorata* ist der März. Achten Sie darauf, ob die Blüten auch wirklich duften, denn Veilchenarten gibt es viele. Verwendet wird

SMART

Jeden Tag ein Veilchen

❭ „**Ein Tag** im Frühling ohne Veilchenduft ist ein verlorener Tag", sagte einst Paracelsus. Dieses kleine Blümchen begeistert seit jeher berühmte Menschen wie Homer, Shakespeare oder Napoleon, der seiner großen Liebe Josephine Beauharnais täglich ein Veilchenbouquet schickte.

❭ **Geheimrat Goethe** verteilte auf seinen Spaziergängen in Weimar Veilchensamen.

Das Veilchen: in Kunst und Literatur das Sinnbild für Bescheidenheit.

aber nur das einmalig süß duftende Duft-Veilchen, das den Blütenreigen eröffnet. Die nachfolgenden Wald-, Hain- oder Pfingstveilchen sehen hübsch aus, duften aber nicht.

▸ **Warum ist es gesund?** Veilchenblüten sind mit ihren auswurffördernden Saponinen (Seifenstoffen) und reichlichem Vitamin C-Gehalt seit alters her ein gutes Hustenmittel für Kinder, sie wirken beruhigend und lindern auch Kopfschmerzen.

Wiesen-Schaumkraut

▸ **Warum heißt es so?** Den deutschen Namen verliehen hat ihm ein kleines Insekt, die Schaum-Zikade, die eine besondere Vorliebe für dieses Kraut hat: Zikadenmütter bereiten ihren Kindern ein weiches, luftiges Nest, das sie aus dem Pflanzensaft des Wiesen-Schaumkrauts herstellen und an dessen Stängel heften. Der botanische Name *Cardamine pratensis* verrät etwas über die Herkunft des kressescharfen Geschmacks: „Cardamine" kommt von griech. „Kardamom", dem Namen der orientalischen Kresse.

▸ **Wo wächst es?** Wo Wiesen nährstoffreich und feucht sind, ist das Wiesen-Schaumkraut zu finden, wie der botanische Artname *pratensis* besagt.

▸ **Wie sieht es aus?** Die 15 bis 40 cm hohe Pflanze trägt einen runden Stängel mit unpaarig gefiederten Blättern, der Brunnenkresse ähnlich. Die Grundblätter überwintern oft in ihrer Rosette. Zur Blütezeit sind feuchte Wiesen in ein rosarotes Blütenmeer aus den vierzähligen Kreuzblütchen verwandelt.

Wiesen-Schaumkraut, die Kuckucksblume, wächst auf feuchten Wiesen.

▸ **Wann blüht es / was sammle ich?** Gesammelt werden die oberen 2 – 4 cm der blühenden Triebe dann, wenn der Kuckuck ruft, also April bis Ende Mai.

▸ **Warum ist es gesund?** Einmal gekostet, breitet sich ein Hauch von Meerrettich, Brunnenkresse und Senf aus – ganz eindeutig: die Familie der Kreuzblütler hat hier ein besonders schmackhaftes und gesundes Salatgemüse hervorgebracht. Eine Pflanze, die sich für eine Frühjahrskur anbietet, die den Stoffwechsel in Schwung bringt, die reich ist an Vitamin C und heilsamen Bitterstoffen. Die enthaltenen Senföle haben eine anregende Wirkung auf Leber und Niere. ●

SMART

Blume des Jahres

› **Die Stiftung** zum Schutz gefährdeter Pflanzen hat *Cardamine* zur Blume des Jahres 2006 ernannt. Das wird den Aurorafalter mit seinen orangefarbenen Flügelspitzen freuen, der die nektarreichen Blüten schätzt und dessen Raupen sich vom Schaumkraut ernähren.

Wiesen-Schaumkraut

Infoecke

Hilfreiche Adressen

▶ **Artemisia**
Staudengärtnerei und Pflanzenwerkstatt, Bioland-Betrieb
Dipl.-Ing. Erwin Heger, Vorderer Moosweg 1, 79350 Sexau
Tel: 07641-4689864, Fax: 07641-4689862
E-Mail: compost@artemisiagarten.de
www.artemisiagarten.de

▶ **Die Blumenschule**
Demonstrationsbetrieb ökologischer Landbau,
Naturland-Betrieb, Seminare
Augsburgerstr. 62, 86956 Schongau
Tel: 08861-7373, Fax 08861-1272
E-Mail: info@blumenschule.de
www.blumenschule.de

▶ **Calendula Kräutergarten**
Storchshalde 200 , 70378 Stuttgart-Mühlhausen
Tel: 0711-53069473
E-Mail: Info@calendula-kraeutergarten.de

Zur Autorin

▶ **Ursel Bühring,** Jahrgang 1950, ist Heilpraktikerin, Krankenschwester, Phytotherapeutin, Natur- und Umweltpädagogin. Sie ist seit 25 Jahren als Dozentin für Pflanzenheilkunde im In- und Ausland tätig, daneben arbeitet sie als Autorin und wirkt regelmäßig bei Radio- und Fernsehsendungen mit.

Frau Bühring ist Gründerin und Leiterin der Freiburger Heilpflanzenschule, die Ausbildungen in Phytotherapie, Aromatherapie, Heilkräutergärtnern, Kräuterwerkstatt, Kinder- und Frauen-Naturheilkunde, Studienreisen und Fachseminare anbietet.

▶ **Freiburger Heilpflanzenschule**
Ursel Bühring, Zertifiziertes Studienprogramm für Pflanzenheilkunde (FVDH), Zechenweg 6, 79111 Freiburg
Fon 0761-5565 5905, Fax 0761-5565 5906
E-Mail: info@heilpflanzenschule.de
www.heilpflanzenschule.de

▶ **Kräuterei in Lützel**
Bioland Betrieb
Im Stillen Winkel 5, 57271 Hilchenbach-Lützel
Tel: 02733-3846, Fax 02733-12679
E-Mail: Kraeuterey@aol.com
www.kraeuterey.de

Bildquellen

Bohne, Burkhardt
Seite 52.

Bühring, Ursel Seite 12,
17, 45 o., 48, 58.

Schneider, Jutta/Will,
Michael Seite 2/3, 4/5,
7, 8, 9, 11, 13, 14/15, 19,
20, 21, 23, 24, 25, 27, 29,
30, 31, 33, 35, 36, 37, 39,
40, 41, 42, 43, 44, 45 u.,
46/47, 49, 50, 51, 53, 54,
55, 56, 57, 59, 60, 61, 64,
U3 o. und u., Umschlag-
rückseite l. und re.

Stockfood / Teubner Food-
foto Titelbild

Impressum

**Bibliografische Information
der Deutschen National-
bibliothek**
Die Deutsche Nationalbib-
liothek verzeichnet diese
Publikation in der Deut-
schen Nationalbibliografie;
detaillierte bibliografische
Daten sind im Internet
über http://dnb.d-nb.de
abrufbar.

© 2009 Eugen Ulmer KG
Wollgrasweg 41, 70599
Stuttgart (Hohenheim)
E-Mail: info@ulmer.de
Internet: www.ulmer.de
Lektorat: Karin Wachsmuth,
Antje Krause
**Umschlag- und Innengestal-
tung:** X-Design, München
DTP: juhu media,
Susanne Dölz, Bad Vilbel
Druck und Bindung:
Litotipografia-editrice
Alcione, Trento
Printed in Italy

ISBN 978-3-8001-5830-0

Infoecke

Zum Weiterlesen

▶ **Bohne, B., Mattheus-
Staack, E., Volk, F.:**
Küchengarten kompakt,
Ulmer, Stuttgart, 2009.

▶ **Bühring, U.:** Aus Freya's
Zaubergarten: Kochen mit
Wildkräutern, Band 1–4.
Stegen: Edition Achillea,
1992. (Bezugsadresse: Frei-
burger Heilpflanzenschule).

▶ **Bühring, U., Schneider, J.:**
Blütenrezeptkarten. 3 Post-
kartenbücher mit je 20 Re-
zeptkarten: Traumhafte
Blütenrezepte/Früchte
und Blüten/Traumhafte
Rosenrezepte, Selbstverlag.
(Bezugsadresse: Freiburger
Heilpflanzenschule).

▶ **Recht, C., Wetterwald, M.:**
Ernte am Wegrand, Ulmer,
Stuttgart, 2008.

Haftung

Für kleine
Schleckermäulchen

Blüten haben alle etwas Süßes in sich, zumindest den Blütennektar – und das ist etwas für Schleckermäulchen, ganz egal, ob Sie sie kandieren, ein Eis daraus zaubern, in Kekse verbacken oder in Honig oder Zucker legen.

Wer es süß und bunt mag, gibt Blüten von Süßdolde, Taglilie oder Veilchen, Löwenzahn (ohne den bitteren Kelch!), Huflattich, Holunder oder Schlüsselblume über sein Dessert. Auch die ausgezupften Lippenblütchen der Monarde (*Monarda didyma*) sind zuckersüß. Sie können die Blüten aufs Butterbrot und in Getränke streuen. Oder verarbeiten Sie die „Süßen" in Kuchen oder Blütenzucker. Kosten Sie auch diverse Kräuterblüten wie Anis- oder Fenchelblüten, Rosmarin, Melissen- oder Basilikumblüten. Heutzutage gibt es außerdem eine Menge neuer pflanzlicher Genüsse aus speziellen Gärtnereien. Ihre Namen lassen Leckeres erahnen: Probieren Sie die Lakritz-Tagetes (*Tagetes filifolia*) oder die Gewürz-Tagetes (*Tagetes tenuifolia* 'Orange Gem') mit traumhaftem Mandarinenaroma.

◄ **Kandierte Blüten** Schon vor 2000 Jahren haben Menschen essbare Blüten kandiert, um die bunten Farben und Düfte des Sommers einzufangen. Die alten Römer liebten kandierte Veilchenblüten. Wie diese mit Eiweiß-Wasser herzustellen sind können Sie bei der „Herzigen Veilchentorte" (Seite 40) lesen. Die edle Alternative ist, statt des Eiweiß-Wassers Gummi arabicum, in Rosenwasser (1:4) aufgelöst, zum Bestreichen zu nehmen.